Friedrich von Gagern

Ozean

Friedrich von Gagern

Ozean

ISBN/EAN: 9783954271955
Erscheinungsjahr: 2012
Erscheinungsort: Bremen, Deutschland
© maritimepress in Europäischer Hochschulverlag GmbH & Co. KG, Fahrenheitstr. 1, 28359 Bremen. Alle Rechte beim Verlag und bei den jeweiligen Lizenzgebern.
www.maritimepress.de | office@maritimepress.de

Bei diesem Titel handelt es sich um den Nachdruck eines historischen, lange vergriffenen Buches. Da elektronische Druckvorlagen für diese Titel nicht existieren, musste auf alte Vorlagen zurückgegriffen werden. Hieraus zwangsläufig resultierende Qualitätsverluste bitten wir zu entschuldigen.

Ozean

*

Drama

von

Friedrich von Gagern

*

Leipzig 1921 / L. Staackmann Verlag

Der deutschen Not.

Personen-Verzeichnis

	Dr. Bruno Wiegand, Schriftsteller
	Emerich Herczy, ein alter Revolutionär
	Prof. Dr. Johannes Hylander, Naturforscher
	Moritz Tausig, Redakteur
	Dr. Jonas, Journalist
	Ein Unbekannter
	P. Cornelius Janssen
	P. Friedrich Heinrath
	Peter Bierling, Uhrmacher
	Deckert, ein schlesischer Weber
	Kretzschmer, ein schlesischer Weber
Passagiere eines	Franz Postel aus Wien
kleinen	Leopold Hierböck aus Wien
Auswanderer-	Wenzel Benda, Abdecker
Schiffes	Michael Heß
	Wendelin Lichtel
	Der alte Geist, Totengräber
	Ludwig Striez
	Schmink-Otto, ein Zuhälter
	Schlächter-Willem, ein Zuhälter
	Peschke
	Der alte Spielmann, Harfenist
	Thekla, seine Enkelin
	Karoline Rumpf, Hebamme
	Renate, eine Hafendirne
	Paula, eine Hafendirne

Der Kapitän des Schiffes

	Clas
	Jasper
	Henning
	Lars
	Niels
Matrosen	Olaf
	Deez
	Pieter
	Jörn
	Marten
	Jan
	Eine Anzahl anderer Matrosen

Das Vorspiel, der 1. und der 2. Akt im Zwischendeck eines kleinen Auswanderer-Schiffes; der 3. Akt auf einem Floß.

Zeit: 1849/50

Je nach Ort einer Aufführung mag das Stück mit stärkerer Betonung dieser oder jener Mundart gespielt werden

Vorspiel

Zwischendeck.

Ein ziemlich niedriger, hallenartiger Raum, vom Mittelgrunde aus durch mächtige Stützbalken in zwei Längsschiffe geteilt. Zwischen diesen Balkensäulen fast bis zur Decke hinangestapelt, bildet das Reisegut der Auswanderer — Kisten, Körbe, Truhen, bunte Federbetten, Säcke — eine Scheidemauer zwischen den beiden Schiffen; nur der Vordergrund bleibt frei. Schlafverschläge in zwei Stockwerken laufen beiderseits nach dem Hintergrunde hinab. Links an der Seitenwand führt eine breite, auf Stützbalken ruhende Treppe zum Vordergrunde herein; sie setzt in doppelter Mannshöhe über dem Fußboden der Halle ab und bildet so eine Art Kanzel, von der aus sie rechtwinklig vorspringend in den Raum niedersteigt. — Das Licht fällt durch Luken in grellen, scharf begrenzten Strömen in die Halle. — An Pfosten, Pfeilern und Gebälk hängt mancherlei Hausrat: Mausefallen, Pfannen, Kessel, Kuchenformen, Sägen, Drahtkränze. Quer über das rechte Seitenschiff schwankt eine Trockenleine mit darübergeschlagener Wäsche. — Vielfältiges Regen; stetes Bewegen von Mensch und Fracht. Auf einer Reisetruhe, die Flut überragend, steht hemdärmelig ein kantiger Mensch mit pökelrotem Nacken; soeben hängt er einen Vogelbauer neben die braune Mettwurst an den Deckenbalken; es ist Wenzel B e n d a, der Abdecker. — Auf der Schwelle eines der Schlafverschläge sitzt ein schöner schwarzbärtiger Mann in hochverknöpftem Dolman, die Schläfe schwermütig in die Linke gestützt, die Rechte in der Schlinge: Emerich H e r c z y. — An einem Pfosten im Vordergrunde lehnt ein starr beobachtender fahler Gesell mit tiefen schattigen Augenhöhlen und mächtiger, gequälter Stirn. — Zwei Priester in schwarzer Ordenstracht tauchen hin und wieder im Auf- und Niederwandeln auf: P. Cornelius J a n s s e n, hoch und streng, und P. Friedrich H e i n r a t h, zart, fast kränklich. — Ein ruhiger fester Mensch holt sein Gepäck unter wirren Stapeln hervor und setzt auch Fremdes schweigend zurecht: Michael H e ß. — Mitten im langsamen Treiben, die Kaffeemühle zwischen den Knien, lauert behäbig und unbekümmert eine stattliche ältere Frau: die K u m p f e n, Hebamme. — Ein Betrunkener, P e s c h k e, taumelt mit Flasche und Glas von einem zum anderen, gibt und empfängt Bescheid; D e c k e r t und K r e t z s c h m e r, zwei Weber, hohl und blaß, sitzen mit hangenden Beinen auf dem Deck der Verschläge; ein kleiner erdbrauner Greis, der Totengräber G e i s t, hockt gelassen auf einer Kiste, das glattrasierte Kinn über den gefalteten Händen auf den vorgestemmten Stock gestützt. — Vor einer aufgeklappten Truhe spannt sich der viereckig eingesetzte Hosenboden eines Suchenden; ein junger schmucker Mensch, Franz P o s t e l, knüpft vor dem Spiegel, den er am Kojenpfosten befestigt, das bunte Halstuch und scheitelt sorgfältig das Haar; ein anderer, schlicht und fadenscheinig, hat soeben ein Kruzifix an den Balken über seiner Schlafstelle geschlagen und betrachtet tiefbefriedigt seinen kleinen Reisealtar: Wendelin Lichtel. — Ein anderer, Hierbock, ist gerade mit dem Wechseln seiner Fußlappen beschäftigt; auf einem Sacke sitzt ein sauber und einfach gekleideter Mann von reiferen Jahren und geistverklärtem Antlitz, Johannes Hylander; er hält ein Schreibebuch über seinen Knien und macht soeben, von Zeit zu Zeit nachdenklich und geistesabwesend aufblickend, seine Eintragungen. — Am Fuße der Treppe spreizen sich herausfordernd zwei freche Burschen, anreizend aufgetakelte Frauenzimmer am Arme: Schmink-Otto mit der blonden, fetten Paula und Schlächter-Willem mit der schlankeren dunklen Renate. Seitlich auf einer Kiste der einäugige Harmonikaspieler Striez.

Die Bewegungen und Gruppenwechsel im Mittel- und Hintergrunde werden vielfach durch den wechselnden Strom verdeckt in verändert gezeigt; alle Gespräche erklingen über leisem, schwellendem und sinkendem Brausen.

Willem (plötzlich gegen die Treppe hinaufstarrend): Nanu? ... Was is denn das für eener? ... Was is denn mit dem los?

Otto (seinem Blicke folgend): Wahrhaftig ja... Was der bloß für 'n Jesichte macht!... (Paula anstoßend) Du, kucke, der is gut!

Willem: Paßt'm wohl nich dahier?

Otto: Macht ja Augen, als hätt er 'n Klabautermann jesehn oder 'n lieben Gott.

Paula: 'n richtgen lieben Gott soll er gleich mal zu sehn kriejen!... (Sie lüpft unzüchtig den Rock) Der regiert die Welt!

Striez: Tusch! (Er spielt einige Akkorde auf der Harmonika.)

Renate (die den unsichtbaren Neuankömmling sehr gespannt beobachtet): Wartet mal!... Wartet mal!... Heda, Sie da oben, haho!... (Zu Striez) Eh, sei mal stille, du, ja, mit deinem Gedudel!... Schöner junger Herr!... Schöner junger Herr!

Willem: Na nu, so scheen, weeßte, is er ooch nich.

Renate (ungeduldig): Still!... (Durch die zusammengehöhlten Hände nach oben) Ja, Sie, Sie sind gemeint!... Nur näher!... Keine Angst!... Wir tun Ihnen schon nichts! ... Hier wohnen ehrliche Leute!

Striez: So schwer aber missen Se das nich nehmen. Der Mensch kann sich immer noch bessern.

Wiegand (ein ziemlich gut gekleideter junger Mann, schmächtig, das hochgestirnte Antlitz geistig, der leuchtende Blick manchmal unstet und fast fanatisch, kommt eilig die Treppe herab, bleibt wie in erregtem Staunen auf der Kanzel stehn und sieht gebannt über das Treiben hin; fast für sich, geheimnisvoll, beinahe ängstlich): Sagen Sie — die beiden dort —: sind das nicht — — —?

Striez: De schwarzen zweebeeden drieben? Nu, natierlich sin das —

Renate: Und die haben Ihnen solchen Schreck eingejagt?

Wiegand: Schreck, was Schreck! ... Nur — das sind doch —

Der fahle Unbekannte (trocken, mit klarer Härte): Einst eingeschlichne Lämmer; dann regierende Wölfe; dann verjagte Hunde; dereinst verjüngte Adler.

Wiegand (aufmerksam geworden): Wie? Was soll das heißen?

Der Unbekannte (gelassen): Eine alte Prophezeiung.

Wiegand (zu ihm herab): Die dort — das sind doch — das sind Jesuiten!

Der Unbekannte: Und? ... Von einem ihrer schwarzen Päpste stammt das Orakel.

Renate (eifrig, kokett): Na, hören Sie? Vor ein paar Jesuiten wird 'n Mann wie Sie doch nicht davonlaufen?

Wiegand (indem er sich herabzusteigen anschickt): Und wollt' er's auch, er könnt' es nicht. (Zornig auflachend) Das ist allgegenwärtig wie Geld und Ratten.

Striez (seine Hosentaschen ausstülpend): Na nu heeren Se, Verehrtester! Von dem lieben Jelde seiner Alljejenwart hab ich noch nischte bemerkt! Sonste mißt' es der Mensch nich uf seine alten Tache noch in Kalifornien suchen.

Wiegand (stutzend, auf der untersten Stufe): Kalifornien?... Nach Kalifornien geht das Schiff?

Striez: Na, wo denn sonst hinne?

Wiegand: Nicht nach New-York?

Striez: Sie wollen nach Neujork? ... Na, heeren Se, da werden Se aber missen en scheenes Stick zu Fuße laufen!

Otto: Rio Janero, das is de erste Station auf unsrem Leidenswege zur Ehrlichkeit.

Hylander (ruft, aus seinem Hefte aufblickend, herüber): Rio Valparaiso, Callao, Monterey, San Francisco.

Wiegand (betroffen): Dorthin? ... Hätte ich mich also im Schiffe versehn?

Paula (frech): Was wollen Se denn ooch in Ihrem ollen Nujork? ... Haben Se da vielleicht ne Tante?

Otto: So wie wir unsren dicken Onkel in Kalifornien, was?

Striez: Nach dem wer die große Erbschaft antreten? ... (Mit großartiger Gebärde vorstellend) Nämlich — wie Se uns da sehn, sin wer alle ne einzige Familie.

Stimme (dumpf aus der aufgeschlagenen Kiste hervor): Für die Verwandtschaft werden sich Ihnen wohl die Meisten recht schön bedanken!

Striez: Na nu wissen Se, Verehrtester! ... Unsre Mäuler, Bäuche und Hintern, die sin vor Gott alle Brieder! ... (Zu Wiegand) Oder? Hab ich recht?

Hylander (teilnehmend herangetreten): Nach New-York fahren ja nur mehr Dampfer.

Wiegand: Daran hatte ich allerdings nicht gedacht. Nun bin ich tatsächlich in Verlegenheit — —

Hylander: Sie wollten nach New-York selbst, oder — —

Wiegand: New-York, Philadelphia, Boston. Das heißt, eigentlich — nach Amerika überhaupt —

Renate (ihm auf die Schulter schlagend): So kommen Sie mit uns? Sehr einfach! Verlegenheit! ... Amerika überhaupt! ... Das ist jetzt Kalifornien!

Vierling (die Kiste, darin er bisher gekramt, zuwuchtend): Kalifornien das Eldorado!

Der Unbekannte (mit häßlichem Lachen, in verspäteter Fortsetzung): Brüder schon darum, weil sie sich bei der Erbteilung sofort entzweien. Verbrüdern — zerbrüdern.

Hylander: Und wie kamen Sie denn gerade auf dieses Schiff?

Wiegand (der einen kurzen, erstaunten Seitenblick auf den Unbekannten geworfen): Wie? ... Ja — wo alles nach dem Golde drängt, da wird ein Mensch mit anderen

Zielen offenbar mißverstanden. Wird einfach nicht angehört und zu den Abertausenden der Masse in den Fluß geworfen. So ists auch mir geschehen.

Renate: Haben Sie denn die Überfahrt schon bezahlt?

Wiegand: Natürlich doch. (Bitter) Mit meinen vorletzten Talern obendrein.

Renate (schlägt dem angewidert Zurückweichenden auf die Schulter): So kommen Sie und holen Sie sich neue in Kalifornien! ... Riesig einfach! ... Das ist ja wie gemacht! Dazu hat Sie die Vorsehung hergeführt!

Paula: Und sehn Se doch mal, wir sind hier zwei arme schutzlose Frauenzimmer. Das muß Se doch rühren!

Renate (verführerisch): Seien Sie nett und klug und kommen Sie mit! ... Mit Ihnen hätte ich Glück. Bestimmt! Wir zwei graben und machen Halbpart.

Striez (mit Gebärden): So nämlich: Sie graben, das is Ihre Hälfte — sie steckts ein, das is de andre.

Renate: Also mit dir macht ichs schon mal bestimmt so!

Striez: Weeß ick, weeß ick, und seh mir vor.

Die Kumpfen (halb aufspringend): Gehens, Herr, bitt Sie, lassens Ihnen nit für an Narren halten von die! Das is Ihnen eine Banda dahier beisammen — eine Geduld muß da der Mensch haben wie ein Turm.

Striez: Und da dacht ich noch, wer wären Wunder wie kurzweilig. Schade.

Wiegand (der, mit sich im Kampfe, auf das Gerede der anderen kaum geachtet, unschlüssig gegen H y l a n d e r): Es wäre mir ja schließlich gleichgültig — könnte mir beinahe gleichgültig sein — wollte zwar nach den großen Städten, wie gesagt — (bitter, mit Betonung) — mir das tägliche Brot zu verdienen, das man mir in der — sogenannten Heimat genommen — —

Postel (herüberrufend, ohne den Blick vom Spiegel zu verwenden): Da kommens dann bloß mit! Da verdienens Ihnen gleich den täglichen Braten samt Zuspeis, Suppen und Mehlspeis! ... Und noch den Schwarzen dazu — und eine Maß alten Roten — und ein Haus auf dem Brilljantengrund!

Der Unbekannte: Das versteht nämlich der Mensch unter täglichem Brot.

Hierböck (aus seiner Beschäftigung aufsehend): Was: verdienen?... Nix: verdienen!... Verdienen: das könnt mich gern haben!... Nehmen tust es und hasts!... (Auf Heß, der einige Kisten zurechtrückt, anhumpelnd, den linken Fuß im Schuh, den rechten bar) Sie, hö, halt, was machens denn, das is meine Kisten!... Die lassens in Ruh!

Heß: Weiß schon, weiß. Mach bloß Ordnung. Eine Ordnung muß sein.

Hierböck: Ah was, Ordnung!... Meine Ordnung mach ich mir schon selber! (Zu den anderen) Nämlich, die Kisten, di is sowieso leer. Zwei alte Fußfetzen sein drin, weiter nix. Aber ein Andenken is an den Kaiser Josef! Zu dem seiner Zeit is der Baum g'wachsen, aus dem's g'macht is.

Peschke (sein Glas erhebend): Hoch der Kaiser Josef, hoch!... (Singt trunken) Gott erhalt den Kaiser Jo—ho—sef!... Der Kaiser Josef, das war halt der Richtige!... Der — der war auch — auch für die Freiheit!

Renate (zu Wiegand): Nun?... Noch immer nicht entschlossen?

Peschke (an Wiegand): Und ich — ich — bin auch — auch für die Freiheit... Ich — ich möchte — möchte mir darum erlauben — — weil ich auch für die — für die Freiheit bin — —

Renate (ihn fortschiebend): Ach geh du, geh, geh!

Der Unbekannte: Der Trunkene ist nie frei; er kommt sich bloß so vor; und wer sich frei vorkommt, der ist trunken.

Peschke (beleidigt): Bitte!... Bitte!!... Wir — wi—ir sind eine ein — — eine einzi—ge Fa—a—mill—je!... Ja—a!

Renate (ungeduldig): Herrgott, so scher dich schon mal. (Eindringlich zu Wiegand, der wieder einen scharfen, kurzen Blick nach dem Unbekannten geworfen) Denken Sie doch, wenn jetzt Ihr olles New-Yorker Schiff da mit Mann und Maus untergeht?

Die Kumpfen (lebhaft): Wollens, schlag Ihnen die Karten!

Wiegand (lächelnd mit dem Kopfe abwinkend): Bin leider nicht abergläubisch genug. Das hat mir ja zu dieser Reise verholfen. (Wieder zu Hylander) Von der ich jetzt nicht einmal weiß, wie und wo sie enden wird. Was kann ich in Kalifornien beginnen?

Renate: Das fragt der Mensch noch! ... Was einer in Kalifornien beginnen kann!

Wiegand (etwas scharf): Ja! ... Wenn ich in der neuen Welt dasselbe suchte wie Sie: Gold! ... Dieses Gold!

Striez: Na, also, wissen Se, Verehrtester! Was Besseres als so nen scheenen Haufen Gold kann sich keen Mensch nich vorstellen! ... Dafier kann man sich ja doch alles koofen. Oder? Hab ich recht?

Der Unbekannte: Weiber vor allem. Und daher sein ganzer Wert.

Striez: Sehn Se! ... Und das is ja doch die Hauptsache im Leben. Darum möcht ich wohl wissen, wie man ohne Gold auskäm in der Welt?

Der Unbekannte: Indem mans bei den Weibern aus der Mode bringt. Aber ohne Schmuck kein Weib, und jeder Weiberschmuck wird wieder Gold und Geld sein. Die Menschheit soll sich fortpflanzen; eine Pflicht will der Mann sich daraus nicht machen; und die schönsten Lustweiber sind auch die eitelsten. Inde ira, inde lacrimae.

Bierling (mit verstohlenem Blick auf die Kumpfen): Da müsset man rein die Weiber alle totschlagen.

Die Kumpfen (schlagfertig): Und anfangen bei die Männer, die alte Weiber sind.

Paula (giftig gegen Bierling): Bei mir, da können Se überhaupt hängen, vastehn Se! ... Bei mir sind Se längst abjestorben, mit Ihrer meschuggnen Maschine da. (Gegen den Unbekannten) Und Sie ooch mit Ihrem ollen Gewälsch und Ihrer Igelhaut! Spritzt da immerfort mit Gift und Galle um sich! ... (Zu Wiegand) Sind Se ooch so 'n Narr?

Wiegand (nach scharfem Blick auf den Unbekannten): Es kommt darauf an, was man närrisch, welche Maschine man verrückt nennt, und was Gift.

Der Unbekannte (ganz gelassen): Der Igel frißt Schlangen; ein sehr nützliches Tier. Vom Gifte sind ihm gegen das Gift die Stacheln gewachsen.

Paula (bissig): Na, daß Se sich man bloß nich 'n Magen verkolzen.

Der Unbekannte: Längst immun.

Striez: Is ne Jesellschaft dahier, was?... Da haben wer noch annre!... Da zum Beispiel (auf den Weber Kretzschmer) eenen, der unkt schon immer 'n morjijen Weltuntergang vor, und wer wären allesamt Antechristen!

Kretzschmer (ruhig): Spotten Se bluß!... Und doch is das Reich nahe und vull vun Antekristen de Welt.

Hierböck: Na, Sie, Großkopfeter!... Dann tat ich aber an Ihnerer Stell nit erst nach Amerika fahren! Das könnens daheim billiger haben!

Heß: Ah was, Weltuntergang und Reich! Eine Ordnung muß sein, das ist das Ganze.

Striez: 's jibt eben verschiedene Narren! Eener hat das Reich und den Antechristen im Koppe, eener ne ganz dolle Maschine mit nem lateinischen Namen — —

Vierling (erbost): Sie—i, das sag ich Ihnen!... Mein Perpetuum mobile werdens mir nit schlecht machen, verstehens mich!... Mit Ihrer preußischen Goschen!... Ich bin Ihnen eine Seel von Mensch, fragens jeden, aber — — (gegen Wiegand) — nämlich ich heiß Vierling, Peter Vierling, Uhrmacher, Mühlenbauer und überhaupt Erfinder — —

Der Unbekannte: Wozu das Perpetuum mobile erst erfinden? Wahrheit, Meinung, Volks- und Fürstengunst...

Hylander: Sagen wir: das Leben mit seinen Pendelgesetzen.

Vierling (in unbeirrtem Eifer): Nämlich, daß ichs Ihnen erzähl: es soll eine ewige Uhr werden, verstehens, eine ewige Uhr, die nimmer aufhört zu gehen — —

Die Rumpfen: Sie, jetzt werd ich Ihnen aber amal was sagen: machens lieber Uhren, wie's der Mensch sie täglich brauchen tut, zu vierundzwanz'g Stunden, die urntlich gehn, wird gscheiter sein.

Vierling: Hörens?... Habens es g'hört?... Akkurat dasselbe Läutwerk wie meine Alte daheim!... Akkurat dasselbe Schlagwerk!... Darum muß ich ja nach Kalifornien dem Eldorado!... Weil ich Zeit brauch zu meinem Lebenswerk, zum Perpetuum mobile mit der ewigen Uhr!... Und weil Zeit Geld kostet!... Das Geld aber, sehens, das hat meine Frau.
Die Rumpfen: Wird wohl auch wissen, warum!
Vierling: Hörens?... Habens es g'hört?... Und neben so einem Schlagwerk soll man was erfinden und Feder und Hemmung von einer ewigen Uhr regulieren?... Nit bis zum jüngsten Gericht!... Zwischen dreihundert Wecker lieber, die alle durcheinander ihren Spektakel machen!... Das will allweil nur die tägliche Arbeit und das tägliche bissel Öl in der kleinen Lampen! Was Lebenswerk!... Was die Stern draußen und der ewige Kalender!
Die Rumpfen: Ja, Sie, mein Lieber, das is aber einfach! ... Weil wir so schon g'nug haben an unserem Kalender voll Mühsal und Sorg!... Und weil man bei Sternschein Eure Hosen nit flicken und die Windeln von Eure Kinder nit waschen kann!
Postel: Dreizehne hats g'schlagen! Da könnens noch was dazulernen für Ihnere Uhr!
Die Rumpfen (heiter erbost): Na, und is am End nit so? ... Sie mit Ihrem Regulieren!... Wir Frauenzimmer werden vom Leben reguliert; da lernt mans Schlagen!... (Mit großer Zungenfertigkeit) Kommt da so ein Mannsbild daher, redt von Ewigkeit und ich weiß nit was: bis der arme Bankert gemacht is. Das is wie bei einer Sanduhr die Mitten. Denn nacher, gehts ans Zahlen und Sorgen, da habts gleich wieder eine neue Ewigkeit bei der Hand: daß der Mann für so was nit is und daß er durch solche Kleinigkeiten nit aufg'halten werden derf und daß er seine Freiheit haben muß und was weiß ich!... Drunten aber auf der Erden, da derfen sich die armen Frauenzimmer die Händ blutig ringen in Schmerz und Arbeit, ja!... Gehts, gehts, alle seids da

gleich! (In scheinbar wachsendem Zorn) Und überhaupt, das möcht ich mir ausgebeten haben, daß da so einer hergeht mit seiner ewigen Narrenuhr und mir mein G'schäft verdirbt! ... (Zu Wiegand) Bin nämlich Hebamm, Kumpf Karolin is mein Nam, bitt mich bei Bedarf empfohlen zu halten! ... Zweitausendneunhundertundsiebenundneunz'g Entbindungen, wann ich mich bei die Stricheln nit verzählt hab — nur grad drei hätten noch g'fehlt auf den dritten Tausender und sitzet noch heut in meinem Häusel auf der Laimgruben und ginget zu die hochwürdigen Herren Patres Lazaristen am Sonntag zu Meß und Andacht, wann das nit kommen wär! ... (Wieder gegen Vierling, sehr entrüstet) Aber wann so einer dahergeht, so einer, und will Mannsbilder und Frauenzimmer auseinanderbringen, grad weils ihm hinterdrein gegen sein krummen Strich lauft, dann kann ich ja ein Zorn kriegen!.. (Lachenden Gesichts) So. Jetzt bin ich fertig.

Striez: Na, sehn Se, da haben Se alles beisammen, was der Mensch nacheinander zum Leben braucht: Mädels — Pfaffen — ne Hebamme — dort nen Totenjräber — Musicke ooch —

Postel: Und dort hinten die zwei Herren aus dem gelobten Land; weil die nirgends fehlen derfen.

Renate (dringlich): Also? ... Wie stehts? ... Hat man sich nun entschlossen?

Wiegand (der seine Reisetasche schon niedergesetzt hat, halb nachgebend zu Hylander): So wird der Weg eines Menschen durch Irrtümer bestimmt.

Der Unbekannte: Eine gute alte Wahrheit.

Renate: Ach was! Trösten Sie sich! Sehen Sie: jeder Weg ist schließlich doch nur ein Umweg zum Golde!

Der Unbekannte: Lies: über das Gold zur vollen Schüssel und zum nackten Weib.

Postel (vom Spiegel her, während er sich den Scheitel zieht): No ja; was wollens denn? Das is das Leben!

Wiegand: Umweg zu welchem Golde? Das ist die Frage! (Zu Hylander) Ich wollte einen Stein schürfen, der jeglich Element in echtes Gold verwandelt. Daheim liegt er verschüttet unter Trümmern.

Der Unbekannte: Und verwandelt er alles in Gold, so verwandelt das Gold alles in Genuß, und Kohle bleibt. Mundi magnum magisterium.

Hylander (gütig und tröstlich lächelnd): Und aus der Kohle scheidet sich abermals ein Stein. Ein Gleichnis: die strahlende Träne aus ewigem Weltenfeuer, selten und kostbar.

Der Unbekannte: Und unbarmherzig hart; auch ein Gleichnis.

Wiegand: Hart ist auch der Diamant, den ich meine, dieser Stein der Weisen. Aber zum schneidenden Kristall ist er erst im Feuer der Hölle geworden, unter Druck und Glut. Einst war er Träne der Menschheit.

Der Unbekannte: Kristall ist immer härter als seine Elemente.

Hylander: Aber auch klarer.

Wiegand: Schlimm genug, daß klar und hart Geschwister geworden sind wie Herz und Schmerz. — Nun, in Kalifornien, im Goldparadies werde ich jenes Kleinod wohl vergebens suchen. Wo Hunderttausende zusammenkommen, einander zu bestehlen und zu knechten, da versinkt der echte Schatz in der Tiefe.

Heß (herangetreten): Na, hören Sie, stehlen? ... Wo einer mit eigenen Händen sich was erarbeitet?

Wiegand: Eigentum kann Diebstahl werden.

Hylander (leise lächelnd): Doch hoffentlich nicht auch das Eigentum an dem Schatze, den ich graben will?

Wiegand: Wie, nicht Gold? Sie haben ein anderes Ziel?

Hylander: Derselbe Weg, zweierlei Ziel, mancherlei Gold. (Halb gegen Striez gewendet) Ich fürchte, ich gehöre auch zu den Narren des dritten Reiches und der Maschinen mit lateinischen Namen ... Da drängen nun Tausende aus allen Landschaften der alten Welt nach einem neuen Ophir — —

Deckert (leidenschaftlich): Ma täts ju nich, hätt ma bluß wenchstens Kattuffeln zu a techlich Stickla Brot und a Stickla Brot zu a techlichen Kattuffeln! Ma wullt ju gerne arbeeten — —

Hierböck: Für Brot und Erdäpfel? Daß man der Esel wär!
Willem: Das kann ooch keen Gott nich wollen.
Bierling: Sie, wanns wegen meinem Perpetuum nit wär, wegen meinem Lebenswerk, das schwör ich Ihnen wohl bei Gott und alle Heiligen, wegen was anderem wär ich nit gangen! ... Glaubens vielleicht, daß ich reich werden möcht wie der Rothschild?
Hylander: Sehen Sie, und wegen eines Perpetuum setze auch ich meinen kleinen Sparschatz daran. (Zu Wiegand) Nicht um irdischer Güter willen. Da man in dieser großen Zeit der Verfinsterung doch wohl kaum Geld und Gehör für eine Sonnenfinsternis übrig hat; ja.
Wiegand: Sonnenfinsternis? Einer Sonnenfinsternis zuliebe reisen Sie nach — Kalifornien?
Ertiez: Na, heeren Se!
Hylander: Zu solch unfruchtbarem Behuf, möchte man es glauben, nicht wahr? Ja.
Der Unbekannte: Verfinsterungen sind immer lehrreich; sie lehren das Licht und seine Auswürfe sehen.
Hylander: Sehr richtig! Die Zentralitätskurve streicht nämlich gerade so schön quer über das berühmte Tal des Sacramento; wieder ein Gleichnis. Da will ich auch gleich einmal die goldführende Schicht untersuchen; aber nur mit dem Hammer; ja. Dort in jener Kiste meine Instrumente, Logarithmentafeln und Hefte; omnia mea. Ein Eigentum, das hoffentlich nicht Diebstahl ist.
Tausig (der mit Dr. Jonas herangetreten, klein, mißwüchsig, das Antlitz sehr intelligent, sein Wesen gekennzeichnet durch freche Scheu): Sie können die Barauslagen, die Sie haben, vielleicht decken durch ein Buch?
Hylander (nachsichtig lächelnd): Durch ein Buch über eine Sonnenfinsternis und die Formationen Kaliforniens? Da bringen die Leser noch nicht einmal den Bindfaden herein.
Postel (vom Spiegel her äffend): Gott meiner Väter, wo seh ich mein Geschäft?
Tausig (nach scheu-verächtlichem Blick auf den Spötter): Gott, nu, so machen Sie das Buch populär! Machen Sie einen Ro-

man daraus, ein Theaterstück! Lassen Sie die Sonnenfinsternis und die Formationen vorkommen darin! Bringen Sie den Menschen hinein, dem früher das ganze Goldtal gehört hat, den Schweizer Johann Sutter! Bringen Sie ein paar weiße Sklaven und Sklavinnen, bringen Sie einen alten verborgenen Schatz, bringen Sie die beiden Herren Jesuiten dort hinein, es ist ein Geschäft von tausend Talern!

Hylander: Nur, daß ich diese Ausbeute leider einem Berufeneren überlassen muß! Ich bin nicht Schriftsteller, und noch weniger Dichter.

Tausig: Gott, was heißt Schriftsteller? ... Es schreiben heute viele, die nicht Schriftsteller und nicht einmal Dichter sind, und sie haben Erfolg. Hat die Ware Absatz, so ist die Ware gut, und ist die Ware gut auf dem Markt, so ist der Mann gemacht.

Dr. Jonas (journalistisch süß): Aber es ist doch etwas Feines um diese selbstlose Sachlichkeit, diese Hingabe an einen abstrakten Gegenstand.

Tausig: Wenn Sie Ihren Vorteil nicht sehen wollen, vielleicht bringt Ihnen das Unternehmen eine einträgliche Professur?

Hylander (mitleidig lächelnd): Professur und einbringlich? Daß ich nicht wüßte. Übrigens —: (mit höflicher Verneigung gegen Wiegand) Johannes Hylander, Professor, Doktor, Magister, ein armer Geolog und Astronom, Erd- und Sterndeuter; ein stiller Mann der stillen ewigen, ziffernmäßigen Gesetze.

Wiegand (überrascht und gerührt): Wie, Herr Professor? ... Und Sie reisen da im Zwischendeck eines kleinen Auswandererschiffes?

Hylander (bescheiden und gütig): Warum nicht? Ich bin ja auch hier unter Menschen.

Renate (welche die ganze Zeit über in der Nähe gestanden, an Wiegand heran): Nun? Wollen Sie sich nicht auch endlich den Herren vorstellen? Oder soll ich es tun, Herr Bruno? ... (Auf den Überraschten zutretend) Aber zuerst sagen Sie mir: wie geht es Ihrer alten Mutter? Lebt sie noch?

Wiegand: Wie? ... Meine Mutter? ... Sie verkennen mich wohl?
Renate (auflachend): Herr Bruno! Ich — Sie verkennen? ... Als Sie da oben standen, hatt ich Sie schon erkannt!
Striez: Na nu? Das wird aber spannend.
Wiegand (betreten und peinlich berührt): Wirklich — Sie verzeihen — ich wüßte nicht —
Renate: Aber ich weiß! ... Natürlich, wenn Sie mich nicht kennen wollen! ... Kann es dem feinen Herrn nicht verdenken! ... Gewarnt hätt ich Sie jedenfalls, wenn Sie nicht geblieben wären.
Wiegand (unangenehm betroffen): Gewarnt? Mich? Vor wem und was?
Renate: Besser hier mitgefangen, als draußen mitgehangen, Herr Bruno. Soviel sage ich Ihnen.
Wiegand (bis zum Schreck bestürzt): Wie? ... Sie meinen? ... (Erregt auf Renaten zu) Wen in aller Welt — hören Sie, Sie täuschen sich in mir!
Renate (schlägt ihm auflachend auf die Schulter): Menschenskind! ... Bücher können Sie schreiben, rechtzeitig ausrücken auch noch allenfalls, aber sich verstellen —? Wenn ich jetzt Polizei wäre oder Hafenspion? ... Aber seien Sie ruhig, Sie sind geborgen.
(Neugieriger Zudrang; auch Herczy ist herangetreten)
Wiegand (etwas gefaßter): Nun, ich verstehe jedenfalls ganz und gar nicht ... Für wen halten Sie mich?
Renate: Wie er mich ansieht! ... Da! ... Sie könnten mich dauern, Sie berühmter Mann! ... Na — soll ich Mitleid haben mit Ihrer Unschuld?
Paula: So'n Jedächtnis wie deines, Herrjott!
Renate: Für Unvergeßliches nur! ... Hören Sie mal! ... In meiner Heimat, da gabs hinter den Häusern eine Mauer lang dem Fluß, und da jagten die Jungs mal Doktors Elise, weil sie gar so hochnäsig tat mit ihren feinen weißen Kleidern ... Warten Sie! ... Und da blieb eines der Mädels, ganz ein schmuddliges, an dem nichts zu verderben war, mitten in der Jagd stehen — und die Jungs rannten natürlich im Schwung an —

und das schmuddlige Mädel fiel runter ins Wasser — und jemand warf Rock und Ranzen ab — und zog das Mädel raus — und trugs in seinen Armen zur Mutter hinauf —

Wiegand (in dem es schon zu Beginn der Erzählung sichtbarlich aufgeblitzt, nun erschüttert zurückweichend): Renate!... Du!

Renate: Wirklich?... Nein!... Aber gewährt hat das!... Oder wollte der Herr Bruno mich nur nicht kennen?... Weil er doch an Ehrbarkeit in Samt und Seide gewöhnt ist?

Wiegand (in starrer Ergriffenheit): Renate?... Du?

Renate (obenhin, mit tapferem Spott): Habe mich wohl stark verändert? Tja! Wollte eigentlich auch lieber Geheimrätin werden; aber niemand gabs zu.

Wiegand (in schmerzliches Staunen und Erinnerung versunken): Du, Renate, du!... Und du — und Sie hatten mich sogleich erkannt?

Renate: Ich — und sollte Herrn Bruno Wiegand nicht erkennen?

Herczy (tief erregt): Wie?... Wie nannten Sie ihn?... Einen berühmten Mann?... Bruno Wiegand?... D i e s e r Bruno Wiegand etwa, der —

Tausig: Ist es wahr?... Bruno Wiegand wären Sie, der Verfasser des Buches, das so viel Aufsehen gemacht hat?

Renate: Dieser, dieser, und kein anderer!

Paula: Das reene Theater.

Herczy (bewundernd vor dem betretenen Wiegand): Und so habe ich ihn mir auch vorgestellt!... Solche Augen, eine solche Stirn!... Ja, das ist die Jugend, das die Zukunft!... (Südlich feurig) Freund! Wir haben uns nie gesehen; aber vernommen haben wir einer vom andern. Wir gehören zusammen; wir sind Brüder. Hier ist meine Hand; ich bin der Herczy.

(Fast zugleich) **Wiegand** (in erschrockener Ehrfurcht): Emerich Herczy!
Die Rumpfen: Sie sind der Herczy!
Postel: Jesses, ja! Wo hab denn ich meine Augen g'habt!

Tausig (sehr höflich): Auch Emerich Herczy hier unter uns? So viel der Ehre widerfährt diesem kleinen Schiffe?

Dr. Jonas: Der gefeierte Liebling und Held des Volkes, der Löwe der Barrikaden!

Herczy (bitter): Armer Löwe, trauriger Held! Liebling des Volkes, dessen Namen man ausspricht wie den eines berühmten Räuberhauptmanns; dessen Gesicht man von Zeitungen und Pfeifenköpfen kennt? ... Held? Ein Loch im Fleisch macht noch keinen Helden. Wer opfert, der ist Held. Ich habe ja nichts zu verlieren gehabt, außer meinem guten Glauben. Und den — den hat mir dieser hier gerettet (die heile Hand auf Wiegands Schulter gelegt) —. dieser hier mit seinem kühnen, heißen, jungen Feuerbuch Jawohl!

Wiegand (gerührt, erschüttert): Herczy, nein, nein, zuviel, das kann nicht wahr sein! Jenes Buch, das bin nicht ich! Das ist die Zeit, die uns trägt, die Sehnsucht der Völker, die uns drängt! ... Ihre eigenen Taten sind es, Herczy, die durch mich gesprochen haben!

Dr. Jonas: Ist es nicht erhaben, dieses Begegnen der Märtyrer auf der Schwelle zwischen zwei Welten, an der Mündung gleichen Schicksals?

Hylander (bescheiden): Herr Doktor und Kollega, darf ich Ihnen meine Teilnahme aussprechen? Wenn ich auch diesen Dingen um mehrere Sternweiten entrückt bin; ja; scheinbar. Man hat Ihnen das Lehramt entzogen?

Wiegand: Das Lehramt nur? Die Heimat hat man mir genommen, das Vaterland! Geächtet hat man mich, verjagt und vielleicht schon in effigie gehenkt!

Tausig: Gott, Herr Doktor, es ist die einzige Antwort, die man uns erteilen kann. Man stopft uns den Mund voll Erde; es ist die Ohnmacht der rohen Gewalt. Sie werden vielleicht gehört haben von der Fahne und von ihrem Herausgeber Moritz Tausig?

Wiegand: Die Fahne, das kleine kühne Blatt, berühmt durch die Ehrungen wilden Hasses —?

Tausig: In der auch eine Besprechung Ihres feinen klugen Buches erschienen ist, Herr Doktor —

Herczy: Fein? Klug?... Ein drittes Testament, eine Bibel, ein Evangelium!

Wiegand: Klug gewiß nicht; denn im Herzen wohnt keine Klugheit.

Tausig: Lassen Sie, wie es ist; was wirkt, ist klug; auch die Bibel und das Evangelium sind klug, denn sie haben gewirkt; und bisweilen wirkt das Herz.

Wiegand: Und Sie sagen: auch Ihr Blatt hat man jetzt unterdrückt? Natürlich; es ist ja schwarz geworden in Europa.

Tausig: Es kann sein, vielleicht hat gerade Ihr Buch der Fahne und ihrem Herausgeber verholfen zu dieser neuen Ehre. Die großmächtigen Herren haben uns aufgehoben und in Konkurs getan.

Postel (aus dem Hintergrunde äffend): Waih geschrien!... Gewalt!... Der Löwy der Barrikaden!

Tausig (nach einem scheuen, scharfen Blick auf den Spötter): Gott, nu, man wird neuen Stoff zu neuen Fahnen wirken. Unsere Stunde ist noch nicht gekommen. Aber sie wird kommen, und bei der Abrechnung werden wir Dividenden nach Gebühr verteilen.

Herczy (schwermütig): Man wird Gold zu neuen Waffen schmieden; aber ich — ich werde die Morgenröte nicht mehr sehn.

Der Unbekannte (kalt und gelassen feststellend): Und mit diesen Waffen wird man neuen Krieg führen gegen das Gold. Die Midgardschlange beißt sich in den Schwanz.

Otto: Musicke kommt! Hurrah, Tusch!

(Zwei Matrosen, Clas und Jasper, schleppen langsam eine schwere Kiste die Treppe herunter; ihnen folgen ein Greis in ehrwürdigem weißen Bart — Vater Spielmann — und ein blondes Mädchen, Thekla Spielmann. Jener ist mit einer verhüllten Harfe beladen, das Mädchen trägt einen Violinkasten. — Wie tastend geht Thekla am Mantel des Alten)

Clas: Hahoi da unten! Aufgepaßt und Platz!

Jasper: Schwer is das, als säß der Klabautermann drin.

Striez (mit anfassend): Davon — haben wei schon hier — im Zwischendeck — Totengräber — Hebamme — (mit dem Kopfe gegen den Unbekannten nickend) — und da

nen Herrn — der sich mit Vorliebe — ufs Steuerrad
setzt... Achtung!... Ho ruck!
Clas: Daher. Uff.
Jasper (aufatmend): Wasserlinie drei Zoll höher. Wenn
das überschießt —
Vater Spielmann (ratlos mit offnem Munde): Wohin jetzt?
Clas: Ja, das müßt'r mit den hohen Herrschaften hier begleichen. Im Zwischendeck, da is Hering bei Hering im Faß.
Vater Spielmann: Wo ist unser Platz?
Clas: Plätze gibts da nicht. Man macht sich welche; wie im Leben.
Thekla (sanft und bittend): Großvater ist taub.
Clas: Dann soll er bloß fleißig auf Deck kommen, wenn,s mal ums Horn geht; da bläst's Tote lebendig. — Also hier steht Ihr Gut.
Thekla: Ich bin ja blind.

(Pause)

Renate (Theklas Hand erfassend): Hier steht Ihre Kiste; erkennen Sie das Schloß? Fühlen Sie? Wir wollen schon darauf achten.
Thekla: Ich danke Ihnen. Bitte, helfen Sie doch meinem armen Großvater; bitte!... Wo sind die guten Leute, die sich mit unserem Gepäck gemüht haben? (Sie hält die offene Börse hin) Hier; nehmen Sie.
Jasper: Da sollen wir von nehmen?
Thekla: Ich bitte, ja. Ich mache es immer so. Ich bin ja blind.
Die Rumpfen (gedämpft, wie unwillkürlich): Himmlischer Herr in deinem Reich!
Thekla: Haben Sie sich entlohnt?
Jasper: 's wird wohl langen; dank Ihnen auch.
Wiegand: Mein Fräulein, ob Sie nicht an unrechten Bord geraten sind, wie ich? Dieses Schiff geht um Südamerika nach Kalifornien.
Thekla: Dort wollen wir ja auch hin. In der Heimat ging es uns schlecht. In Kalifornien soll man jetzt so viel verdienen.

Die Rumpfen (Thetlas Hand ergreifend): Fräulein, Sie müssen zu mir ins Quartier. Mir halten zusamm. Schauens, ich bin schon ein alts Mutterl. (Sie führt die Hand der Blinden) Greifens daher. Bei mir sinds gut aufg'hoben. Wär nit schlecht, die Rumpfen.

Willem (frech): Bei mir wär ooch noch ne schöne Schlafstelle. Wollen Se da mal fühlen?

Wiegand (auf ihn zu, ihn heiß anflammend): Was?... Sie! ... Schämen Sie sich!... Verstanden!

Willem (einen Augenblick zurückgeworfen, aber immer noch frech): Na, erlooben Se?... 'n Ton wird man wohl noch reden dürfen auf nem freien Schiff?

Wiegand: Frechheit ist nicht Freiheit!... Das merken Sie sich!

Der Unbekannte: Das eine die Absicht und das andre Vorwand.

Renate (zu Willem): Da haste es weg. Stecks ein und behalts.

Willem: Wat?... Du?... Ah!... So rum nu auf eenmal?... Ah!... Ha!

Wiegand: Schweigen Sie und wahren Sie die Grenze. Zum letztenmal!

Renate: Ach lassen Sie den. Wahrhaftig Ihrer nicht wert, Herr Bruno.

Willem: Wat?... We—er soll da nich wert sein?

Paula: Das is gutt!... So avanziert man!... Ha!

Willem: Dir bring ich noch drunter!... Da kannste aber drauf rechnen!

Renate: Probiers?... Wo denn?... Bin ich vielleicht für dein Pulver unterwegs!

Willem (flirrend vor Wut): Früher aber war man gut genug, wie?

Renate: Du?... Mir?... Nie!

Paula: Na nu, tröste dir man. Das will nu mit eens feiner sein. Da läuft eben 'n älterer Stuppen. Wer 'n Taler sieht, der läßt 'n Groschen laufen. Wat wirste da Zoff einfangen?

Willem (stier vor Wut): Natierlich!... In ner feineren Hose steckt ooch 'n feinerer Herr. Und unsereens — —

Wiegand: Sie!... Kein Wort weiter!... Oder —
Willem: Oder?... Wat denn?... Haben Sie vielleicht meine Überfahrt gezahlt? (In gezüchtigtem Rückzug, drohend gegen Renate) Das frißte noch aus!... Das frißte noch aus!... Dafier mach ich mir noch bezahlt! (Er verliert sich mit Otto und Paula nach hinten)
Die Rumpfen (hinter ihnen drein): Gsindel elendiges.
Paula (zurückrufend): Habens jehört und merkens vor, Madam.
Wiegand (nach einer Pause der Entrüstung ritterlich gegen Thekla): Ich bitte Sie um Verzeihung, mein Fräulein. Zwischendeck!... Darf ich Ihnen nützlich sein?
Thekla (verschüchtert): Ich danke; ich brauche nichts. Ich will mich dieser guten alten Frau da anvertrauen.
Die Rumpfen (zärtlich): Mein Kindel!... Sag Ihnen, bei mir sollens gut haben wie bei der Mutter.
Thekla: Sie alle sind so freundlich zu mir. Bitte, bitte, nehmen Sie sich auch meines armen Großvaters an. Er hat niemand auf der Welt als mich.
Wiegand (warm): Seien Sie getrost, mein Fräulein. Sie sollen hier gute Freunde finden.
Der Unbekannte: Mag er bei mir wohnen, der Alte. Er wenigstens wird sich an mir nicht ärgern.
Heß: Bei mir ist grad noch Platz. Wir werden uns schon vertragen.
Vater Spielmann (weinerlich, mit tauboffenem Munde): Thekla, mein Kind, was wollen die Leute?... Ich verstehe ja nichts!... Vergeben Sie!... Sie müssen Geduld haben mit einem tauben Greise.
(Durch Zeichen verständigt, läßt er sich von Heß führen; Thekla wird von der Rumpfen nach einer Koje gebracht)
Deckert: Ihr Leut, ihr Leute; und su uft nu eens meent, man wär der Ärmste uf dr ganzen Welt: 's is bolde wieder eens do, dem agehts noch aviel beeser.
Benda: Ärmste auf Welt ise sich Mensch.
Herczy: Und das will nach Kalifornien! Unter Goldgräber, Indianer, Jäger!
Hylander: Die unsterbliche Hoffnung.

Benda: Weil Mensch hofft, drum ise sich imme betrogen.
Der Unbekannte: Weil er betrügt, darum hofft er.
Lichtel: Nur nit aufs Richtige hoffen die Menschen.
Kretzschmer: Dein Reich kumme; das is das Richtige.
Hierböck: Und was fangt einer damit im Leben an, wann man fragen derf? Wird er reich dadervon?
Dr. Jonas (gegen Wiegand): Diese stille feierliche Majestät der Blinden — nicht? Erinnert es nicht an große verschwiegene Gefühle, an das ahnungsvolle Volk, das in dunkler Einfalt den Weg der Wahrheit tastet?
Wiegand: Das Volk soll wissen, sehen und schreiten.
Herczy: Bravo! Ja!... Das war die Stimme, die mich so oft aus finsterem Traum erweckt.
Der Unbekannte: Ein tauber Greis, der erblindete Jugend ins Ungewisse führt.
P. Janssen (aus dem Vorübergehen plötzlich die Hand auf Wiegands Schulter gelegt, gedämpft und doch durchdringend schwer): Selig die Tauben, denn sie vernehmen; selig die Blinden, denn sie schauen an.
P. Heinrath (wie nachbetend): Selig, die da glauben, hoffen und lieben: denn ihrer ist das Himmelreich.
Wiegand (frostig zurückgetreten): Herr Pater? Was wollen Sie von mir?
P. Janssen: Sie warnen.
Wiegand: Herr Pater! Ich bin gewarnt!
P. Janssen: Seid einfältig wie die Tauben, so seid ihr klug wie die Schlangen. (Er wendet sich ab und verliert sich mit P. Heinrath im Gedränge, aus dem jetzt Tausig, heftig gegen die zwei Matrosen gestikulierend, hervorkommt)
Tausig (zu den beiden sichtlich erregten Matrosen): Gott, was geht es mich schließlich an, ob Sie mit Ihrer Gesundheit die Differenz bezahlen?
Clas (schwellend): Konterband?... Mensch, hören Se?... Wissen Se, was das für Garn is, was Sie da spinnen?
Tausig: Ich spinne ein Garn?... Bin ich der Kapitän?... (Zu Wiegand, mit gelassener Heftigkeit): Es ist nämlich empörend, was für ein frevelhaftes Spiel da oft getrieben wird mit kostbaren Menschenleben. Das sollte

Sie interessieren. Verdorbener Proviant wird billig gekauft, Konterband wird teuer gefrachtet — —
Clas: Sie, Mensch! Wenn Sie etwas wissen, heraus mit ehrlicher Sprache, aber deutsch!
Tausig (zu Wiegand, fortfahrend): Und kommt die Sache vor ein Seegericht, wer hat Recht?... Der Kapitän. Warum? Weil das Seegericht zusammengesetzt ist aus Kapitäns. (Zu den Matrosen) Und werden Sie mir sagen, daß solche Sachen nicht schon vorgekommen sind?
Clas (Tausig an den Schultern packend): Was für Sachen?... Heraus damit! Red und Antwort jetzt, aber grade wie ein Mast!
Tausig: Lassen Sie mich los!... Habe ich von diesem Schiffe geredet?... Ich habe gesagt, solche Sachen geschehen. Und werden Sie mir sagen, daß es nicht wahr ist?
Jasper: Laß'n doch, laß'n. Einer von den Hunden, die überall reinriechen und wässern.
Clas: Nö—ö!... Hat er 'n Ende Garn zwischen den Fingern, raus damit! Man will auch sehn, woran das eigene Großsegel hängt!
Wiegand: Haben Sie denn Tatsachen zur Hand? Beweise?
Tausig: Tatsachen?... Gott, es sind alte Tatsachen. Faules Fleisch ist wohlfeil, das ist eine Tatsache; verdorbener Proviant ist tödlich, das ist auch eine Tatsache; und heimliche Fracht macht sich bezahlt, das ist wieder eine Tatsache. (Zu den Matrosen) Aber habe ich gesagt, daß S i e Konterband führen? Schießpulver vielleicht? Das habe ich n i c h t gesagt. Habe ich gesagt, daß S i e faules Fleisch an Bord haben? Das habe ich n i c h t gesagt. Sondern ich habe gefragt, welchen Anteil ein Matrose erhält vom Nutzen des Kapitäns bei der Konterband. Und ich habe gesagt, daß schon oft zum Schaden der Mannschaft und zum Vorteil des Kapitäns gespart worden ist bei der Verpflegung. Das habe ich gesagt, und mehr habe ich nicht gesagt.
Clas (schwer drohend): Und dafür sag i c h Ihnen: ein Ende Tau, das zieht!... Das faulste Stück Fleisch an Bord,

das sind Sie selber!... Sie werden noch Flagge zeigen!... (Zu Jasper) Komm; hier unten is giftige Luft; sonst spülts mir noch die Reeling davon.
  (Die beiden Matrosen steigen die Treppe hinan)
Clas (hinabdrohend): Sie werden noch Flagge zeigen! (Sie verschwinden)
Dr. Jonas: Ist es nicht eigentlich tief ergreifend, dieses blindtrotzige Vertrauen des Soldaten zu seinem Führer?... Es ist doch eine erhabene Tragik in dieser selbstlosen Treue.
Herczy: Tragik der trägen Gewohnheit, jawohl. Diesen Kelch habe ich wahrhaftig bis auf die bittere Neige geleert. Zum Verräter könnte man schließlich werden vor Ekel und Überdruß.
Tausig: Ekel und Ermüdung haben schon oft einen guten Bürger gemacht aus einem Radikalen.
Wiegand: Oder einen Revolutionär aus einem guten Bürger. Diesen Weg hats mit mir genommen.
Herczy: Ja, die aufsteigende Jugend! Die ists, die uns immer wieder rettet vor dem Tode der Verzweiflung. Und so haben auch Sie mich vor dem Schlimmsten bewahrt; ja, Wiegand — vor dem Abgrund.
Wiegand (strömend warm): Herczy, nein, das kann nicht sein!... Sie, der Held, Sie, der Führer, Sie, unser Vorbild und Vorkämpfer — Sie können nie gezweifelt haben an Freiheit und Menschlichkeit!
Herczy (aus bitterem Wissen): Nicht?... Meinen Sie?... Wiegand, mein junger Freund, es gab Stunden — — Stunden des fahlen Morgengrauens — —!... Aber dann wieder — Herrgott!... Da lagen wir wund und schmachtend hinter Trümmern, rings der rote Widerschein der Feuersbrunst, hohle verloschene Häuser, vor uns der Tod... Unsre Augen heiß vom Wachen, unsere Herzen sterbensbitter von Weh... Und da, wenn es mit uns auf die Neige ging, setzte irgendeiner sich auf die Schanze und las beim Schein der Pechbrände aus Ihrer Schrift vor — —
Wiegand (tief gerührt): Herczy!... Das ist wahr?

Dr. Jonas: Wie einst die Evangelischen aus der Bibel: ist das nicht ein gewaltiges Bild?
Herczy: Es war gewaltig!... Das muß man erlebt haben!... Wenn dann die herrliche Stelle kam, unser Vaterunser, wie wir sie nannten — da brauchten wir kein Buch mehr, wir alle kannten sie auswendig, sprachen sie zusammen im Chor: Nicht tote Götzen wollen wir, sondern einen lebendigen Gott — nicht Aberglauben wollen wir, sondern einen Glauben — nicht Gesetze, sondern Recht —
Striez (als Zuruf aus dem allgemeinen Brauen der Erregung): Brafo uf dem Donnersberch!
Herczy: — nicht Sitte, sondern Sittlichkeit —
Striez: Unruhe beim Lindenklub!
Vierling: Still doch einmal, Sie!
Herczy: — nicht Willkür, sondern Wille — nicht tote Bürgerpflicht, sondern das lebendige Bürgerrecht der Freiheit —
Peschke: Ich — ich bin auch — —
Otto (aus der Lauschenden Andrang): Essen und Liebe ohne Polizei!
Peschke: — bin auch für —
Deckert: Schtille!
Herczy: — nicht erstorbene Untertanen wollen wir sein, sondern ein lebendiges Volk — alles in Einem, Menschen wollen wir endlich wieder einander sein: das ist unsere ewige Sehnsucht, das ist unser ewiger Anspruch, und in diesem Zeichen wird die gekreuzigte Menschheit auferstehen zum Lichte des dritten Reiches —
Kretzschmer: Jawull, und dus Reich is nah herbeikummen!
Peschke: — für die Freiheit!...
Deckert: Schtille duch mal!
Herczy: — hätten Sie, hättet ihr alle das vernommen, wie da die Verzweifelten sich aufrichteten, die Wunden sich aufbäumten und feurige Tränen in den Augen der Schlaflosen blitzten — — (Er bricht erstickt ab)
Wiegand (tief erschüttert): Nicht mehr, nicht mehr! Darf nicht daran denken!... Als ich das schrieb, das verhaßte

Pult vor mir statt der Barrikaden, die Feder in der
Hand statt Büchse und Degen — da brachte noch jeder
Tag neue Kunde von Ihren Taten, Herczy — wie ein
Sturm ging das über die erwachte Heimat hin — die
Welt voll dunklem Frühling, die Luft voll Unruhe und
Ahnung!... Und jetzt — —

Dr. Jonas (zu Hylander): Das junge Ideal und die alte
Tat, zwei Generationen eines großen Gedankens — ist
das nicht ergreifend?

Hierböck (wie ein Zwischenruf): Aber das hätt auch noch
hineing'hört; nit immer bloß Steuern, wenig Arbeit und
viel Geld!

Der Unbekannte (hämisch parodierend): Und ist es nicht be‍lehrend, welcher Unterschied ist zwischen denen, welche die
Freiheit denken und denen, die sie ausführen?

Heß (Zwischenruf): Eine Ordnung muß sein; das ist alles.

Der Unbekannte: Es gibt vielerlei Ordnung; die Welt ist
rund und dreht sich.

Heß: Sein Brot will der Mensch auf dem Tisch haben und
sein Dach überm Kopf!

Deckert: Ja, un dafier wird ens niedergeschussen!

Postel: Vierundzwanz'g bei uns in Wien!

Deckert: Fier all sein Jammer und Elend; dus is en Ver‍brechen!

Tausig (der achtungsvoll zugehört, zu Herczy): Und darf ich
Ihnen sagen?... Hätten Sie auf den Barrikaden ge‍habt Säcke voll Gold statt Säcke voll Sand und gar
kein Buch — (mit Verneigung gegen Wiegand) — wenn
darin waren noch so feine und schöne Formulierungen
— hätten Sie gehabt Säcke voll Gold auf den Barri‍kaden, die Regimenter wären zu Ihnen übergegangen
wie die Mücken in das Licht und die Herren Generäle
und Könige hinterdrein. Aber weil Sie gemacht haben
die Revolution mit dem Herzen und mit Worten und
solchen Büchern ganz allein, darum müssen Sie sich heute
fragen: und jetzt?... Denn dafür kauft man sich nichts
heutzutage.

Zwischenruf: Beim Juden schon einmal bestimmt nit.

Taufig (gelaffen und frech): Was foll das heißen, beim Juden nicht?... Haben die allerchriftlichften Herren Könige und Minifter etwas auf Borg gegeben gegen das Pfand Ihres Herzens?... Haben Sie verdient bei Ihrer Revolution oder verloren?... Haben Sie zu effen gefunden oder ift Not ausgebrochen?... Das Herz rechnet immer nur auf etwas, der Menfch aber, der etwas erreichen will, muß rechnen mit etwas. Sonft wird er bald wieder kommen und klagen und fragen: und jetzt? Alles ift aus!... Wenn man eine große Abrechnung machen will, muß man im voraus über= fchlagen, um wieviel mehr man geben kann zu effen als die Konkurrenz und um wieviel mehr zu verdienen. Das ift die Hauptfache. Dafür können Sie dann haben einen Krieg, eine Verfaffung und eine Revolution.

Der Unbekannte: Und wozu überhaupt Revolution?

Taufig: Wozu?... Wozu macht man Kurfe und Krifen auf der Börfe? Damit flaue Werte ftürzen, frifche auf= ftehen, kranke fich erholen oder fterben. Wenn das Leben nicht fließt und wechfelt wie lebendiges Waffer, fo muß es verfaulen und wir haben überhaupt keine Werte mehr.

Der Unbekannte: Gibt es denn überhaupt einen Wert?

Taufig: Nun, vielleicht gibt es keinen; dann muß man fich einen einbilden.

Wiegand: Einbilden? Wo die höchften Güter der Menfch= heit auf dem Spiele ftehen?

Der Unbekannte (häßlich auflachend): Höchfte Güter der Menfchheit!

Wiegand (aufglühend): Wie?... Wahrheit?... Gerechtig= keit?... Freiheit?

Der Unbekannte: Die ftehen allerdings im Spiele. Denn Unwahrheit ift das erfte, Ungerechtigkeit das zweite, und das dritte immer Unfreiheit. Man kann es wieder um= kehren und abermals umkehren; fo tut es die fogenannte Menfchheit und nennts — Fortfchritt.

Wiegand: Menfch!... Und mit folchem Gift im Leibe können Sie leben?

Der Unbekannte: Gift träuft aus dem Rachen der Midgardschlange, welche die Welt umspannt. Ich habe gelebt.
Wiegand: Wahrhaftig, ja! Leichengift!
Der Unbekannte: Erst die Gestorbenen leben.
Wiegand: Ein furchtbarer Glaube.
Der Unbekannte: Am Glauben zweifle ich; ich glaube nur an den Zweifel.
Wiegand: Das ist nicht ehrlicher Zweifel, sondern boshafte Verzweiflung.
Der Unbekannte: Verzweifeln heißt: wissen.
Wiegand: Da möchte man wohl fragen: wozu überhaupt leben?
Der Unbekannte: Wozu? Ihr: um den sogenannten Zweck des Lebens zu erfüllen. Euch fortzupflanzen von Geschlecht zu Geschlecht; von Art zu Art; getrieben, aufgerieben vom Genuß. Woran das ganze Gesetz und alle Propheten hangen. — Ich: um zuzusehen.
Wiegand: Schrecklich!... Mensch! Bedenken Sie nicht, wohin wir kämen mit solcher Erkenntnis!
Der Unbekannte: Wohin kommt ihr mit Kriegen und Revolutionen, mit Büchern und Religionen? Was wird geändert? Gründen Sie einen Staat und lernen Sie wachsam unterscheiden! Stiften Sie eine Religion und lernen Sie weise fälschen! Und mit allen Ihren Gesetzen und Geboten werden Sie zur Erkenntnis gelangen, daß wir sprechen und handeln, zahlen und denken in Anweisungen auf den Genuß der Fortpflanzung. Das ist alles, was an Wahrheit übrig bleibt.
Wiegand (in hohem Zorn): Wahrheit?... Eine solche Erniedrigung des Menschen nennen Sie — Wahrheit?
Der Unbekannte: Erniedrigung?... Diese einzige dauernde Wahrheit nennen Sie — Erniedrigung?
Wiegand (fast mitleidig): Mensch!... Wie kann man so tief, so abgrundtief sinken?
Der Unbekannte (ebenfalls mitleidig): Mitmensch!... Wie kann man sich selbst und andere so belügen?
Wiegand: Belügen?... Licht ist Wahrheit, die Finsternis ist Lüge!

Der Unbekannte (dumpf): Die innersten Brunnen der Wahrheit liegen tausend Schicksale tief in der Finsternis der Unterwelt.

Wiegand: Und wo wäre da noch eine Bürgschaft?

Der Unbekannte: Suche jeder sich Bürgschaft in vergänglichem Vorwand; er ist deshalb nicht mehr als ein Tropfen im Ozean.

Hylander: Wahr.

Herczy (wie warnend zu Wiegand): Mein junger Freund! Das sind die Geister, mit denen ich so manche Nacht gerungen!... Die hinter meinem Rücken waren, über mir in den Lüften, in mir selbst!... (Auf den Unbekannten zu) Mann! Irgendwo haben wir uns schon einmal gesehen.

Der Unbekannte: Mag sein; ich war überall.

Herczy: Ihre Stimme habe ich schon einmal irgendwo vernommen.

Der Unbekannte: Vielleicht; ich habe sie niemals verstellt.

Herczy: Sie waren auf den Barrikaden?

Der Unbekannte: Warum nicht?

Herczy: Eines Nachts?

Der Unbekannte: Möglich.

Herczy: Und wenige Stunden später, beim ersten Morgengrauen, fielen unter Blut und Feuer unsre letzten Wälle?

Der Unbekannte: Sie müssen es wissen.

Herczy: Mensch, sagen Sie! Wer sind Sie?

Der Unbekannte: Vielleicht der Satan, vielleicht Jesus von Nazareth? Oder das nackte Leben selbst?

Deckert (plötzlich vor den Lästerer hin): Heeren Se!... Sein Se, wer Se wullen! Aber mit dem Letzten, was en armer Mensch hutt im Leben, werden Se nicht Ihren Sputt treiben dahier!

Vierling: Recht, ja, recht!... Dem soll ja auch das Maul einmal g'stopft werden!

Kretzschmer: Bull Antekristen is de Welt.

Der Unbekannte (gelassen): Und waren es nicht vielleicht andere, die ärgeren Spott getrieben haben mit Ihrem Glauben? War es nicht am Ende — der geglaubte Gott selbst?

Deckert: Si—ie!...

Bierling: Sie!... Ich bin Ihnen eine Seel von Mensch — fragens wens wollen —
(Während sie drohend auf den Unbekannten eindringen, erscheint plötzlich der Kapitän mit den Matrosen Clas, Jasper, Henning und Lars auf der Treppe)

Kapitän (ein breiter, gedrungener Mann, das Wettergesicht von Salz, Wind, Sonne und Grog rotgebrannt, herrisch helle Augen unter struppigen Brauen, um Wangen und Kinn den angegrauten Schifferbart; er spricht kurz, scharf, schlagend, mit körnigem Baß): Welcher wars?

Clas: Der dort, der Krumme.

Kapitän (scharf): An Land zurück mit ihm!... (Schwellend) Das will ich doch sehen, ob das Zwischendeck mir da dreinzureden hat in Zucht und Ordnung!... An Land mit ihm!... Mit jedem, der sich mir ins Kommando mischt! Werde mir da den leibhaftigen Holzschwamm an Bord hegen?... Damit in hohe See gehn?... Hinaus!

Clas (zu Tausig): Sie haben gehört.

Tausig: Herr Kapitän, was habe ich verbrochen?... Können Sie mir etwas nachweisen?

Kapitän (einige Stufen tiefer, noch schärfer): Was?... Das will ich Ihnen sagen!... Wer mit offenem Licht in die Pulverkammer oder an die Branntweinfässer geht, der kriegt nach alter Disziplin die neunschwänzige Katze! Verstanden!... Keine Redensarten jetzt! Ihren Bettel von Geld erhalten Sie zurück; keine Angst!... Sie haben von Konterband geredet; Menschen wie Sie sind Konterband! Das fracht ich nicht! Vorwärts!

Clas: Sie haben gehört.

Tausig: Judas!

Kapitän (drohend herangetreten): Was?... Wer ist ein Judas?... Der Mann, der seine Treue hält? Oder der feige Giftmischer?... Wer ist ein Judas?

Tausig (hartnäckig frech): Herr Kapitän, ich habe nichts getan als meine Pflicht.

Wiegand: Jawohl!

Kapitän: Und ich erfülle die meine. Gegen Passagiere, Mannschaft, Schiff und anvertrautes Gut. Ich trage die

Verantwortung; ich habe dieses Schiff über den Ozean zu bringen. Fertig.

Wiegand (vortretend): Ein Wort, Herr Kapitän! Wir alle sind Zeugen. Was hier geschehen ist, es geschah nicht in böser Absicht. Es geschah aus ehrlicher Teilnahme, es geschah im Gefühl der Menschenrechte.

Kapitän (im Zorn der Verachtung strahlend): Menschenrechte? Auf hoher See, mein lieber Herr, gibts keine Menschenrechte! Da ist das einzige Menschenrecht die Pflicht!... Den möcht ich sehen, der mit Menschenrechten ein Schiff durch Sturm und Eis ums Feuerland führt!... An Land treibt ihr Narren, was ihr wollt; auf dem Ozean aber bin ich der Herr!

Wiegand (erhitzt): Ah!... Und können Sie es als Herr Ihrer Mannschaft verantworten, Herr Kapitän, daß ein Mensch seine Wahrheitsliebe mit Schimpf und Ausweisung büßt?

Kapitän (stark): Kann ich! Denn in Sturm und Not gibts eine einzige Wahrheit: Gehorsam! Die Mannschaft hat zu gehorchen, das Zwischendeck hat zu schweigen!... Das merken Sie sich, junger Mensch!

Wiegand (in heller Leidenschaft): Gut!... Ich werde mirs merken!... Aber mit d i e s e n Mitteln, Herr Kapitän, werden Sie niemals jenen Gehorsam erzwingen, der auch in äußerster Gefahr sich bewährt! Das ist kein verläßlicher Gehorsam, Herr Kapitän!... Und ich wünsche Ihnen nur, daß er nicht mit seinen Splittern sich gegen Sie wendet — (in gehässiger Absage) das wünsche ich Ihnen, Herr Kapitän!

Kapitän (in Flammen): Junger Mann!... Wollen Sie diesem hier nachfolgen? Dort ist das Land!... Meinen Sie, ich wüßte nicht, was Ihrer und Ihresgleichen dort wartet?... Werden da S i e mich belehren, Sie m i ch?... Ich rate Ihnen, werden Sie Kapitän und bringen Sie nur einmal fünfhundert Tonnen ums Kap nach der anderen Seite!... Ich brauche keine Predigt! Wems nicht recht ist: ich habe Sie nicht an Bord gebeten!... Und überhaupt, ein zweites Mal solche Reden, und ich setze euch aus, allesamt, auf die nächste Insel!... Dann seht, wie ihr euch dort euren Staat einrichtet!... Werde mir da vom Zwischendeck Vorschriften machen lassen!... Nach dreißig Jahren Hochsee und Sturm!... Fehlte noch zu all dem Unfug, den ihr in der Welt anrichtet!... (Zu den Matrosen) Ihr da! Keinen Verkehr mit solchem Volk!... Das zerfrißt Tau und Kette!... Henning, Jasper, angefaßt!... Schluß!... Voran!

Henning: Sie sehn, ich habe zu gehorchen.

Tausig: Lassen Sie mich los!... Ich gehe selbst.

Jonas: Dann schließe ich mich an. Wir gehören zusammen. Ich werde auch Ihr Schiff verlassen, Herr Kapitän.

Kapitän (verächtlich): Um so besser. Vorwärts. Wir haben keine Zeit.

(Tausig und Jonas steigen vor den Matrosen her die Treppe hinan; ihnen folgt der Kapitän, den Beschluß macht Jasper)

Tausig: Denken Sie daran, was der alte Moritz Tausig Ihnen heute gesagt hat von der Abrechnung und von der Verteilung der Dividenden. Es muß ein Konto eröffnet werden über die Menschheit, und dann können wir halten die Generalversammlung. (Mit den anderen ab)

(Pause)

Peschke: Sehen Sie — so — so bin ich auch — — bin ich auch auf diesem Schiffe — auf diesem Schiffe — schwe — er, schwe—er beleidigt — be—beleidigt worden — —

Jasper (noch einmal oben erscheinend): Wenn jemand noch nen Abschied nach heim zu bestellen hat?... In ner Stunde lichten wer Anker.

Wiegand: Was Abschied, was Heimat?... In Europa gibts keine Heimat mehr!... In Europa haben wir keine Heimat mehr!... Das Reich der menschlichen Freiheit, das Reich der freien Menschlichkeit, das allein kann Heimat sein!... Fort, je eher, je besser!... Daß wir uns dieses Reich, daß wir uns diese Heimat gründen!

Der Unbekannte: Schön gesprochen, kurz gedacht. Der Vorhang geht auf. Incipit tragoedia.

P. Janssen (wie früher aus dem Vorüberschreiten an Wiegand herantretend, die Hand auf seine Schulter gelegt): Das Reich kommt nicht mit äußerlichen Gebärden; das Reich Gottes, das ist Freiheit und Heimat. Und dieses Reich ist inwendig in uns. (Geheimnisvoll mit Nachdruck) Inwendig.

Erster Akt

Zwischendeck. Nacht.

Vorne am Treppenverschlag hängt eine Laterne. Ihr trüber Schein fällt über die Gesichter der beiden Jesuiten, der Kumpfen, des alten Geist, des Abdeckers Venda und Lichtels. Man ahnt sie alle um ein Krankenlager bemüht. Der Sieche selbst liegt undeutlich im Halbdunkel. Herczy, Wiegand und Hylander lauern vorne in brauner Dämmerung. Dahinter schwarze Tiefen voll schweren Atems. Rede und Gegenrede oft schwül schleppend, halblaut. Bange Pausen. — Ein Matrose — Niels — erscheint mit schwankender Laterne oben auf der Treppe

Niels: Ihr! Kommt'r heut nich abkochen? Wir werden euch nich bedienen!

Striez (aus einem fernen Verschlage in der Finsternis): Habt'r was zu trinken?

Niels: Wo denn her auf enmal? Wenger noch als gestern.

Dedert (aus einer oberen Koje): Khutt uch Khutt.

Striez: Dann soll der Deibel fressen.

Niels: Wie'r wullt.

Dedert: Stirbt ock schun wieder ens dahier.

Niels: Kann ich nich für.

Dedert: 's dritte.

Niels: Kann ich nich ändern. Is nich meine Schuld.

Wiegand: Und noch immer keine Wolke am Himmel?

Niels: So wen'g und viel als gestern.

Wiegand: Und nichts zu trinken? Gar nichts?

Niels: Müßt'r 'n Kaptein nach fragen, nich mich.

Wiegand: Nicht einmal für die Frauen? Für den Kranken?

Niels: 'n Kaptein fragt.

Wiegand: Will Euch sagen: Ein Schurke ist Euer Kapitän, das ist er! Vors Seegericht gehört er und gehenkt, da gehört er hin!

Niels: Werds ihm bei Gelegenheit bestellen. (Verschwindet)

Wiegand (nachrufend): Meinetwegen!

Dedert: Ihr Leut ihr Leute!

Die Kumpfen (in einem leisen Seufzer): Geht wohl aufs End mit ihm. Da schauens, hochwürdiger Herr; glaub gar, es is aus.

Herczy (in dumpfem Hohn): Bald mit uns allen. Trösten Sie sich.

45

Lichtel (fromm): So is er halt auch zu seinem Frieden kommen. Na, na.

P. Janssen (den Kranken behorchend): Still — (Sich aufrichtend) Noch schlägt das arme Herz.

Benda: Ja, ein guten Essig und frisch Wasser wann hätt mer.

Bierling (aus nahem Verschlage her stöhnend): Redts nit davon, bitt euch! Mein Mund is Ihnen wie verfault.

Postel (aus anderer Gegend): Schmeck auch schon bald sowas.

P. Heinrath: Ja — Essig, den unser Herr am Kreuze getrunken, lebendiges Wasser der Gnade: das ist die Arzenei, derer wir alle jetzt bedürfen.

Bierling (wie ein Gähnender verseufzend): Selig die Toten.

P. Heinrath: Dreimal selig, die auf Gott vertrauen.

Der alte Geist (murmelnd): Wie Er will, wie Er will. Muß ja doch einmal sein.

Deckert: Mir wern woll das gelobte Land nimmer sähn. Menschen, Menschen. Asu beese is em ine großen Notjohre nich agangen.

Kretzschmer (hohl, aus derselben Koje): Er vergilt dem Menschen, darnach er verdienet hat, und trifft einen jeglichen nach seinem Tun. Vull Antechristen is de Welt.

Postel: Unterm Türken vor Wien und unterm Windischgrätz seine Kanonen wars fideler, sag ich euch.

Bierling: Wasser wenigstens war daheim drei Schritt vor der Tür, immer wie's Leben so frisch. Darf Ihnen gar nit dran denken, uch.

Die Rumpfen (aus schwerem Seufzer): Auf die Art wermer uns halt wohl in der anderen Welt erst wiedersehn, er und ich. Hab mein guten Willen zeigen wollen. Und daß ich ihm alles längst verziehn hab. Und der anderen auch. Is ja alles menschlich, na.

Der alte Geist: Irdisch, irdisch, und geht sowieso zur Erden ein.

Herczy (schwül): Hofft von Tag zu Tag. Verzweifelt von Stund zu Stunde.

Wiegand: Bleierne Stille, bleiernes Meer.
Herczy: Weiß nicht mehr, wo man ist in dieser Ewigkeit.
Hylander: Unterm zweiunddreißigsten Breitegrad, so ungefähr. Im berüchtigten Windstillengürtel des Krebses.
Wiegand: Einfach nach dem Gefühl können Sie das bestimmen?
Hylander: Gefühl? ... Dort in der Luke der Aufgang des alten Sirius. Dazu mein Chronometer und der Kalender. Ganz simple Gleichung mit einer Unbekannten.
Bierling (wie schläfrig oder fiebrig): Das is Ihnen eine Uhr, ja. Geht nie vor, nie zurück, in alle Ewigkeiten aufgezogen und reguliert. Da sagen Leut, das Perpetuum mobile könnt man nit erfinden, und da hab mers.
P. Heinrath: Und der Erfinder? ... Heißt? ... Die große Konstante in allen Rechnungen? ... So manches behaupten die Leute.

Hylander: Vor Tausenden von Jahren schon haben Schiffer und Reiter ihre Wege nach dieser heiligen Uhr gemessen. Und doch, in fünfzigtausend Jahren wiedergeboren, würden wir unseren alten Sternenhimmel nicht mehr erkennen. Alle gewohnten Bilder in neue aufgelöst; all die vertrauten Figuren in fremde Gruppen aufgeteilt und gewandelt.
Bierling (interessiert): Was? Und da hab ich geglaubt, die meisten Stern stehn fest im Himmel wie die Schrauben!
Hylander: Fest steht nichts, alles bewegt und ändert sich in ungeheuren Bahnen. Nur die Sekunde unseres Lebens vermag das nicht zu sehn. Wir sind zu fern, zu klein, zu flüchtig; halten Zufall und Schein unseres eigenen Lebens für dauernde Beziehung und Wahrheit. Aber ringsher um uns ist alles unterwegs durch die Tiefe der Ewigkeit nach unerkennbarem Ziel, um unerforschliches Zentrum, und wir selber ziehen mit im Strom. Zug und Flucht, Zwang und Schwung, aufsteigende Ordnung der Kräfte und Massen zum Weltenstaat. Perpetuum mobile, ewige Bewegung, Leben; Stillstand — der Tod.

Lichtel (vom Krankenlager aufgestanden, im Halbschein der Laterne an einen Rosenpfosten gelehnt): Und können doch andres nix als einer dem anderen sein Kreuz tragen helfen. Können doch nit heraus aus der Zeit.
Der alte Geist (unterirdisch murmelnd): Wahr, wahr. Zur Erden gehst ein, wies bist, mit allem.
Hylander: Im Bewußtsein der Ewigkeit trägt man vielleicht weniger schwer an Kreuz und Zeit.
Lichtel: Seine Ewigkeit hat jeder Christenmensch vor sich: Himmel und Höll und Gott.

Wiegand: Und wird denn diese Windstille ewig währen?
Hylander: Meist folgt schwerer Sturm.
Wiegand: Wär er nur erst da! Dieser Monsun oder Taifun! Ertrinken lieber als ersticken!
Renate (leise herangetreten, streicht wie in zärtlichem, mütterlich wissendem Mitleid über Wiegands Kopf hin): Bruno, Bruno, mein alter Hitzkopf. Noch nicht genug gekriegt am Sturm drunten vor Kap Horn, wo fast das Steuer brach?
Wiegand: Zehn solcher Stürme lieber als dieses Stilliegen in brütender Fäulnis! Ein Steuer kann man einsetzen, ein Herz nicht.
Renate: Notsteuer in schwerer See? Wünsch dir das nicht, Bruno, wünsch dirs nicht. Soweit kenn ich vom Hafen aus den Ozean. (Ernst, mit Bedeutung) Schon um ihretwillen, Bruno, wünsch es dir nicht.
Wiegand (sofort besänftigt, in eindringlicher Hast): Wie geht es ihr?
Renate: Jetzt endlich schlummert sie. Armes Kind. Sprecht etwas leiser. — Gut, daß sie nun dich hat. Der Großvater tot, sie selbst blind in der Fremde —
Wiegand: Und ich arm und heimatlos.
Renate: Ein Mann mit seiner Kraft, Bruno.
Hylander: Wie dieser Alte starb! Seine letzte Frage: Sind wir schon da?
Wiegand: Schuft und Schurke von einem Kapitän! Verbrecher!
Hylander: Für die Windstille kann er zwar nicht —

Wiegand: Aber dafür kann er, daß er nicht hinreichend Wasser gefaßt hat! Das mußte er wissen! Dazu ist einer Kapitän! ... Da gehen an einem Menschen und seiner Niedertracht funfzig Unschuldige zugrunde!

Heß (aus einem nahen Verschlage her): Und warum haben wir in Callao nicht angelegt?

Wiegand: Ja, auch das!

Heß: Da hätten wir doch Wasser fassen können. Genug!

Wiegand: Wär ich Matrose, Herrgott —! ... Daß die überhaupt nicht längst schon gemeutert haben —

Renate: Was würd es nutzen?

Herczy: So liegt man mitten auf dem Wasser; und verschmachtet.

Hylander: Ein Gleichnis.

Lichtel: Wie der Mensch mitten im Leben sitzt und weiß ohne Gottes Hilf nix anzufangen damit.

P. Heinrath: Media vita.

Hylander: Rings die Heimat des Wassers, der Ozean; wir selbst getragen von ewig wechselnder Flut; und verdursten.

Peschke: Is denn das Wasser aus dem Meer gar nit zum trinken?

Hylander: Um Gottes willen! Der sichere Tod.

Vierling: Warum eigentlich? Is doch nix wie Salz drin.

Hylander: Wärs auch so: dieser Salzgehalt allein ist mörderisch.

P. Heinrath (seufzend): Zu lernen: rohes Element, soll es lauter und Wohltat werden, muß seinen Weg über den Himmel nehmen.

Hylander: Salz und Wasser, beide unentbehrlich, getrennt heilig, vereint töblich.

Herczy (in tiefer Schwermut): Wie so manches, was heilig und köstlich.

   (Benda entzündet ein Lichtstümpfchen)

Hylander: Außerdem, rings am Schiff ist das Wasser brackig.

Wiegand: Angesteckt von unserer Fäulnis.

Hylander: Etwas Wahres ist daran.

Benda (mittlerweile auf eine Truhe gestiegen, hat den Vogelbauer untersucht; mit schmerzerstickter Stimme): Starel Martinku ise hin! Auch schon hin! (Zärtlich, Tränen in der Stimme) Martinku armes kleines!

Bierling: Kein Wunder auch: so eingsperrter in Hitz und Gstank.

Benda (zärtlich wehklagend): Martinku! Martinku armes kleines! So verrupft liegte auf Rücken, ganz still!... Von Stangerl heruntergfallen, ganz still!... (Beschwichtigend) Martinku, haste nix mehr zu leiden! Schlechte Mensch, hat dich eingsperrt in Käfig, weil hate haben wollen Stickerl a Heimat, Stickel Paradies!

Herczy: Wies ihm gemacht wird, so machts der Mensch. Nennts Paradies, und ist stinkende Menagerie oder dumpfer Stall.

Willem (aus der Gegend Striezens her): Paradies, darunter stell ich mir vor: Essen und Liebe ohne Polizei.

Die Rumpfen (unterdrückt): Ja, für euch Gsindel.

Benda (herabgestiegen, wehmütig): Bei mir zuhaus war Paradies! Laute Invaliden; blinde Hund; alte Pferd mit Stelzfuß, was habe selber gmacht, arme Hascher, abe so zufrieden, so dankbar! Habens mich arm gfressen, daß muß jetzt nach Amerika gehn, abe hab nit können umbringen! Schaute Menschen an, sieht man, lebte auch gern, hate auch noch bissel Freud, kann man nit, kann nit, schenkt man lieber alles her.

Die Rumpfen: So das beste, was der Mensch vom Leben hat: das Herschenken.

P. Heinrath: Amen, Mutter, amen.

Herczy (ein grimmiges Lachen in der Stimme): Ja, wenn man weiß, wem und wofür. Wenn man noch nicht gesehen hat, wie Liebe Haß wurde, Freude Rausch, Recht Gewalt.

Wiegand: Herczy?... Was hast du?

Herczy: Erinnerungen. Dunkle Straßen im Widerschein der Feuersbrunst, Wiegand. Hier unten kommen böse Träume.

Bierling (rauh aufstöhnend): Das is Ihnen bald nimmer zum Aushalten! Alles in einem stinkt. Wasser, Wasser, das wär jetzt Paradies! Und recht was Saures, ah.

Striez: Se trunxen ja da rum, als wenn Se guter Hoffnung wären!

Die Rumpfen: Ihr Mannsbilder seids bloß still. Wanns aufs Aushalten geht — bloß einmal niederkommen!

Renate: Ja, was wissen die Männer von dem!

Striez: Sin nich schuld dran. Hättens anders einjericht.

Otto: Meiner Mutter hätt ichs jern erspart. Und meinen Vater hab ich nie zu sehn jekriegt. Wie ich zur Welt kam, war er schon wieder fort. War man bloß 'n Zweebehmer.

Striez (trocken): So hoch hätt ich dir nich mal jeschätzt.

Paula (aus selbem Quartier): Nu gebt doch mal Ruhe, daß 'n Mensch wenchstens schlafen kann.

Striez: Kannste doch gar nich, wenn de Lampe nich schief steht.

Paula: Du sei bloß nich keß, ja, Penner.

Die Rumpfen (unterdrückt): Bagasch das dorten.

Willem: Und wer hat uns dazu jemacht? Wären auch lieber feine Leute.

Wiegand (deutlich): Ehrbarkeit wahren kann auch der Arme.

Willem: In beriehmten Büchern über die Freiheit, ja, die man nach 'm juten Friehstick in'r warmen Stube schreibt.

Bierling: Och Gott, seids einmal schon still, wanns einem so schlecht geht! Wasser, Wasser, und dann hin sein von mir aus.

Die Rumpfen (erregt, mit durchdringendem Flüstern): Hochwürdiger Herr! Hochwürdiger Herr! Er rührt sich!

P. Janssen: Gott im Himmel sei gepriesen!

Die Rumpfen: Die Lippen hat er auftan. Da, wieder, schauens! Er redet!

P. Janssen (knieend über dem Sterbenden): Mein armer Freund! Hören Sie mich! Ich bin hier! Kann ich Ihnen einen Wunsch erfüllen?

Der Unbekannte (rauh lechzend): Wasser! Mir auch Wasser!

Die Rumpfen: Herr in Deinem Reich? Wie soll man ihm helfen?

Renate (schnell entschlossen): Ich gehe. Etwas müssen sie haben. Wenn jemand, ich bekomms.

Die Rumpfen: Och, gehens, ja, Fräulen, gehens! Sie kennen die Leut! Der liebe Gott wirds Ihnen lohnen.

Der Unbekannte: Wasser! Mich dürstet! Jemand hat gerufen: Wasser.

Bierling: Och, och, hätt ichs bloß nit genannt!

Der Unbekannte: Wasser! ... Nur Wasser! ... So weit war mein Weg; so heiß.

Renate (die noch einmal auf den Kranken zurückgeblickt, von Mitleid gescheucht): Ich brings, ich brings. Was zu haben ist, bring ich.

Die Rumpfen: Gott wirds Ihnen lohnen, Fräulen, der liebe Gott wirds Ihnen lohnen viele tausendmal. (Renate ab)

Paula: Die reene Magdalena; wird vielleicht auch noch mal heilig; na.

Die Rumpfen: Mensch, das, niederträchtigs.

Der Unbekannte (hohl aufjammernd): Gott, mein Gott, warum hast Du mich verlassen?

P. Janssen: Nein, mein armer Freund: keinen noch, der ihm vertraut, hat Er verlassen. Der in tiefster Qual jene Worte rief: — auch für Sie ist Er am Kreuze gestorben, auch für Sie hat Er die Pforten der Hölle gesprengt und ist am dritten Tage auferstanden von den Toten! Er ist der unversiegliche Quell; Er allein der Brunnen, der niemals austrocknet und niemals sich trübt ...

Benda: Was ise arme Mensch! Hate nit Ruh in Leben, hate nit Ruh in Sterben, hate Ruh nur in Grab.

Der Unbekannte (plötzlich rauh aufstöhnend): Fort! ... Fort! ... Nimm ihn weg, nimm ihn fort, diesen Kelch von meinen Lippen! ... Schwefel, Tränen, Blut und Galle — oh!

Theklas Stimme (angstvoll aus finsterer Ferne): Bruno! ... Bruno! ... was ist geschehen? ... Mutter Karoline!

Die Rumpfen (leise): Gehens, ja, gehens zu ihr. Ich kann jetzt da nit weg. (Laut) Er kommt schon, Kindel, kommt schon.

Wiegand: Da bin ich, mein Herz, bin schon bei dir. Fürcht dich nur nicht!

Thekla: O Bruno! Was war das für eine schreckliche Stimme?

Die Rumpfen: Armes Kindel; Gott, Gott, och, alles zusamm.

Der Unbekannte: Fort, fort diesen Trank der Qual!... Den Todestrank! Wasser, Wasser will ich, Leben!

P. Janssen: Hier ist der Kelch, gefüllt mit dem süßen Weine des Friedens, den der Engel für Sie bereit hält. Der Kelch des ewigen Lebens, mein Freund, der Trank der ewigen Wahrheit.

Der Unbekannte (wie im Traume, laut und stolz): Der Weg, die Wahrheit und das Leben, das bin ich!

Die Rumpfen: O Jesus in Deinem Reich! Was redt er?

Der Unbekannte: Der Weg der Wüste, die Wahrheit der Lüge, das Leben des Sterbens, das bin ich! (Jäh auffahrend, in grellem Erwachen) Wo bin ich?... Wo bin ich?... (Zurücksinkend) Allein!... (Schluchzend) Allein!... Allein in der Ewigkeit!... Wo seid ihr? Wo seid ihr alle?... Keiner, keiner, der mir zu trinken gibt?

P. Janssen: Einer steht Ihnen zur Seite, Freund, der mehr ist als alle, die je im Leben Sie geliebt, verraten und verlassen. Er, der niemals von Ihnen gewichen: Er, der Einzige, der Ihren Durst zu stillen vermag.

Der Unbekannte: Stimme, du lügst!... Stimme, du lügst! ... (Tiefgrollend) Stimme, ich kenne dich!... Wie oft, du falscher Führer, verhießest du Wasser, und abends lag ich verzweifelt am ausgeglühten Brunnen! Wie oft versprachst du Gefolgschaft; und als ich mich wandte, war keiner da!... Du lügst!... Täuschender Wind der Wüste, flüsternder Wandersand!... Ich bin allein!... Bin ganz allein!... Allein seit Ewigkeit!... Ich weiß, ich weiß!... (Klagend) Und bin so lange gewandert, erblindend gegen das Licht — für euch!... Habe geblendet den Weg verloren — für euch!... Habe mich verirrt in schattenlose Wahrheit — für euch!... Und ihr alle habt mich verlassen! Seid heimgekehrt zu Weib und Kind und Haus und Herd!... Alle!... Niemand, der mir einen

Trunk reicht! ... Einsam muß ich verbrennen in der
Hölle des Himmels, in einem Abgrund von Licht —
ooh! ... (Er sinkt ermattet, verröchelnd zurück)

Die Rumpfen: Heiland, Heiland in Deinem Reich! Hab
doch mehr als einen schon sterben sehn!
Peschle: Herrgott, ja; wenn man wisset, daß man so ein
End nimmt —!
P. Heinrath: Gedenk es jeder.

Hylander: Wie viele Menschen sterben wohl in diesem
Augenblick.
Die Rumpfen: Und werden geboren!
Hylander: Wie viele gehen in die Nacht der Ewigkeit hin=
aus; wie viele treten in das Licht der Zeit herein?
Die Rumpfen: Wie viele Menschen tun grad zu dieser Stund
an einem Totenlager weinen? Wie viele Mütter, die grad
jetzt in Weh und Not zum Himmel schreien?
Der alte Geist (dumpf murmelnd): Und wie viele schlafen heut
zum erstenmal in kalter Erden unter den Sternen?
Die Rumpfen: Wie viele Neue dafür kommen blutig und
blind aus dem Mutterleib?
Der alte Geist: Wie viele Lichter werden ang'zunden und
Augen zugedrückt?
Die Rumpfen: Und dafür wie viele Wasser gewärmt und
Augen aufgetan?
Vierling: Wieviel Uhren in der Welt, drin die Feder beim
nächsten Eingriff springt?
Die Rumpfen: Und wieviel Menschen gehen auf in dieser
Nacht, in dieser Minuten, in einem Atem über die ganze
Welt hin, wo wir grad das reden? Wieviel Hingab,
wieviel Seligkeit, wieviel Überschwang? Und wieviel
Küsse, wieviel Tränen, wieviel Lust und Trug!
Hylander: Strom des Lebens, der aus tausend Quellen
unablässig schwillt und sich erneut.
Herczy: Furchtbar, dran zu denken. Wohin?
Hylander: Höher.

Deckert: Sin balde wohl zuviele uf d'r Welt; 's geht ehnen drum d'r Odem aus.

Heß: Wär schon noch Platz da; aber nehmen welche zuviel davon weg. Richtig verteilt muß werden; eine Ordnung muß sein.

Herczy: Und einmal hats auch damit ein Ende.

Lichtel: Gut sein soll der Mensch, gut sein. Das einzige, was ihn warm halten kann in aller der Kälten und Wind.

Herczy: Und einmal hilft ihm auch das Gutsein nicht mehr. Dann bleiben nur die Wölfe noch übrig, und unter den Wölfen die stärksten.

Deckert: Ens bringts andre ebens um mit seiner Arbeit. Und ohne Arbeit ken täglich Brot, darum wer beten. So wirds Beten balde schun ne Sünde.

Kretzschmer: De Zahl is vull; tut Buße und bereitet euch.

Herczy: Und diese Arbeit selbst? Hunderttausende von Hämmern, die am Rüstzeug der ewigen Blutrache schmieden. Die unschuldigen Elemente immer neu, immer geschickter in den Dienst des Hasses gestellt. Kräfte, Stoffe, Künste, alles auf Mord und Vernichtung angelegt. Eine Welt voll Waffen. Aber der kriegführenden Heere werden mehr und immer mehr, unabsehbar, grenzenlos. Das hält keine Schlacht mehr auf, keine Seuche.

Hylander: Leben, Lebenswille, Auftrieb aus der Tiefe. Weil auch der Tod Leben ist. Immer irgendwie Geburt eines neuen höheren Lebens.

Kretzschmer: Tut Buße und bereitet euch. Das Reich is nah herbeikommen.

P. Heinrath (leise und warm): Tut Buße, ja, und kehret um! Kehrt ihn um, jenen Lebenswillen, kehrt ihn nach innen! Werdet demütig, sanftmütig werdet, seid einfältig, seid friedfertig! Denn woher dies alles? (Eindringlich) Daher, daß eitle Liebe zum Leben und Gier nach beständigem Genuß überhandnehmen von Geschlecht zu Geschlecht! Daher, daß die Menschheit, um ihren Gott betrogen, zu Abgöttern betet, zum goldenen Kalbe, zum nimmersatten Baal, den sie nach niedrigem Ebenbilde geschaffen, zu Astarte, die sie an die Stelle der Jungfrau und Mutter gesetzt! (Traurig, feierlich) Das Ende aber wird sein Heulen und Zähneknirschen der ohnmächtigen Not.

Herczy (aus beklommener Tiefe): Ein einziges Zwischendeck wird bald die Welt sein, dumpf und todkrank wie das unsre hier. Ein Sklavenschiff auf uferlosem Ozean.

Kretzschmer: Von Antechristen vull is ebens die Welt. Das Reich, das Reich is nahe herbeikommen.

P. Heinrath: Wär es nur, wär es! Beten wir doch täglich alle, die wir Christen sind: Dein Reich komme! oder: zukomme uns Dein Reich! (Sanft tröstlich, im Tone gütigen Zuspruchs) Und welches ist denn dieses Reich? Tu jeder seine Pflicht, so gibt es keine Pflichten mehr, und jeder hat sein Recht. Sei jeder Diener, so gibt es keine Dienstschaft mehr, und jeder ist Herr. Sei jeder mächtig seiner selbst, so gibt es keine Machthaber mehr, und jeder ist König. Erfülle jeder die zehn Gebote und die beiden Gebote der Liebe, so braucht er tausend menschliche Gesetze nicht zu erfüllen. Liebe Gott in dir selbst und im Nächsten, und dann tu, was du willst. Dieses ist doch das Reich, um das wir beten, und an dessen Aufrichtung jeder nach seinen Gaben und Kräften arbeiten möge. (Eindringlicher) Arbeiten aber nicht mit äußerlichen Gebärden, sondern mit **inwendiger Tat**! ... Denke in dieser Stunde der Prüfung jeder von uns ernstlich darüber nach, ob des Schöpfers unerforschlicher Ratschluß in Mehrung der Menschheit nicht auf Erlösung hinführt, auf **Verzicht**! ... Ob wir durch engen Raum und nahe Grenzen nicht zu weiser **Entsagung** erzogen werden sollen? ... Ob echte Wahrheit und wahre Freiheit nicht gerade in der Kraft zur **Beschränkung** sich bewähren werden? (Tröstlich verheißend) Dies erkannt und dies beherzigt, werden Welt und Menschheit kein verseuchtes Sklavenschiff sein, sondern die heilige Stadt, die aus dem Himmel niederkam in der Klarheit Gottes.

Wiegand (der während der Rede des Paters wieder herangetreten, leise und scharf): Schön, schön gepredigt, Herr Pater! Wenn man nur diesen alten Text nicht längst schon kennte! ... Da wird Beschränkung gesagt, gemeint aber ist nutzbare Beschränktheit!... Da wird weise Entsagung angepriesen, gewollt aber wird stumpfe Geduld und heimlich beschützt die Gewalt!... Verzicht wird das genannt und als inwendige Tat empfohlen — und abgesehen ists dabei auf was? Auf Preisgabe von Recht und Urteil, jawohl!...

Herczy (abmahnend, ernst): Wiegand!

Wiegand (unbeirrt): Da natürlich muß es heißen: selig die Einfältigen, die es nicht ahnen, selig die Blinden, weil sie nicht sehen, selig die Beladenen, weil sie nichts mehr spüren!... Selig die Betörten, selig alle Krüppel und Sklaven — —

Herczy: Wiegand, so bedenk — —

Wiegand (unbekümmert): Ein Reich der gedankenlosen Demut, das möchtet ihr euch erhalten, ja, ich weiß! Das ist fruchtbar, das ist bequem! Ein Reich wie dieses verschmachtete Schiff hier — ein Zwischendeck lebendig Verfaulender, denen das bißchen Erdenleid mit Paradies und Heiligsprechung vergolten wird — eine Horde von dumpfen, blöden Knechten, die nichts kennen als Dienst und Pflicht und tierischen Gehorsam — und über alldem einen Kapitän, der mit dem Häuflein verreckender lästiger Menschheit da einfach nach Allmacht und Nutzen verfährt — —

Herczy (Wiegands Arm erfassend): So, Wiegand, Mensch — kennst du denn keine Rücksicht?

Wiegand (schroff): Was Rücksicht? Wahrheit!

Herczy (heftig)! Was Wahrheit!... Hier sind arme Mitmenschen, denen ihr alter Glaube heilig und mehr als jemals notwendig ist — —

Wiegand (gereizt): So!... Aber der Glaube, der mir heilig ist, dieser Glaube darf verletzt werden!... Ich soll verleugnen, wofür ich Amt und Heimat geopfert — —

Herczy: Was verleugnen!... Vielleicht erinnerst du dich gütigst, wofür ich gekämpft und geblutet habe!... Wenn du schon davon sprichst!... Hier aber sind keine Barrikaden und ebensowenig ist hier eine Tribüne — —

Wiegand: Dafür scheint eine Kanzel hier zu sein!

Herczy: Und die mit Recht! Wo Menschen in Angst und

Not beisammen sind, da ist auch eine Kirche! ... Und hier stirbt ein Mensch!

Wiegand: Und glaubst du etwa, daß salbungsvolle Seligpreisungen uns aus dieser Angst und Not befreien können?

Herczy: Tröstlicher jedenfalls und würdiger sind sie als ohnmächtiger Schimpf und zweckloses Ärgernis!

Wiegand (starr vor Erregung): Herczy! ... Emerich Herczy! ... Bist du das noch?

Herczy: Könnt grabesgut fragen: das soll Bruno Wiegand sein?

Wiegand: Mein Lieber! Ich habe meine Überzeugung nicht gewechselt!

Herczy: Und ich nicht mein Herz! ... Hab ich für Freiheit und Menschenrechte gefochten, so gewiß nicht gegen Freiheit und Rechte der Menschlichkeit! Und diesen schlägst du vor die Stirn!

Wiegand: Ich? ... Ich?

Herczy: Du, ja, du! ... Der du nicht einmal so menschlich bist, armen Mitmenschen ihr bißchen Trost und Hoffnung zu lassen!

Die Rumpfen: Habens wohl recht, ja, daß es ihm einmal ordentlich sagen! Statt daß er ein bissel auf das gute fromme Kind dort denken tät, das so viel zu schad is für ihn. Ja, ja, Sie! Mit solche Sachen habens bald ausgspielt bei mir!

P. Heinrath (versöhnlich): Lassen Sie ihn, Mutter, laßt ihn, Friede, Friede! Sein Wille ist gut, nur seine Liebe ist noch ohne Weisheit.

Wiegand (in zornigem Hohne): Danke, Hochwürden Herr Pater! Bemühen Sie sich nicht um mich! Bedarf Ihres Schutzes und Ihres Trostes so wenig — wie der guten Lehren gewisser anderer Herren, die ihr bißchen — Heldenkomödie nun auf einmal nicht mehr wahr haben wollen!

Herczy (tief verwundet): Wiegand! ... Wiegand!

Wiegand (unwillig abgewendet): Ach, laß mich! (Er geht grollend abseits ins Dunkel) Kannst jetzt das Lied zum Psalm umkehren: Steckt die Schwerter in die Erden, Schwerter sollen Kreuze werden ... Ha.

P. Janssen (leise, vom Krankenlager her): Und so sollte es auch heißen.

P. Heinrath: Und wenn er einst in Schmerzen erkennt, daß Liebe ohne Weisheit wie Flamme ist ohne Gefäß, heiß, doch nicht wärmend, grell, doch nicht leuchtend, offenes gefährliches Feuer — dann soll er unseren verachteten Trost und Schutz nicht vergeblich suchen.

Kretzschmer (hohl, nachdenklich): Vull Antechristen ebens is de Welt.

(Renate tritt herab in den Lichtschein, ein Gefäß in den Händen)

Renate (tonlos): Das ist alles.

Die Kumpfen: Gott wirds Ihnen lohnen, Fräulein, Gott lohns viele viele tausendmal.

Renate (gequält, ablehnend): Ach Mutterchen! . . . Ists schon zu spät?

P. Janssen: Sein Herz schlägt noch schwer.

Renate: Mensch, armer Mensch, du.

Vierling: Was is denn? Wasser gar?

Postel (ins Zwielicht tretend): Wie habens denn das kriegt?

Renate: Fragt nicht, fragt nicht; bitt euch.

Hylander: Kein Zeichen am Himmel?

Renate: Schwere Wolken; ein Sturm zieht herauf. Zungen lechzen, Augen glühen. (Betrübt) O Bruno! Ich sage dir, wünsch dirs nicht. (Seufzend) Will wieder nach dem armen Kinde sehn. (Ab.)

P. Janssen: Das Gefäß! Er öffnet die Lippen!

Der Unbekannte (laut, aus der Tiefe des Traumes): Es ist vollbracht.

Die Kumpfen (auf den Knieen, inbrünstig): Herr, erbarme Dich unser.

P. Heinrath: Christe, erbarme Dich unser.

Die Kumpfen: Von Deinem Zorne erlöse ihn, o Herr.

P. Heinrath: Von der Gewalt des Teufels —

Chor (die Kumpfen, der alte Geist, Benda, Lichtel, alle im Halbdunkel auf den Knieen): Erlöse ihn, o Herr!

P. Heinrath: Am Tage des Gerichtes —

Chor: Wir bitten Dich, erhöre uns!

P. Janssen (über dem Sterbenden, beide Hände ausgestreckt): Im Namen Jesu Christi, des lebendigen Gottes, der auch für dich gelitten hat; im Namen des Heiligen Geistes, der auch in dich ist ausgegossen worden; im Namen der Engel und Erzengel, im Namen der Cherubim und Seraphim —
Der Unbekannte (mit starker, fremder Stimme): Wer bist du, der da vor mir stehet in der Finsternis?
P. Janssen (ruhig, tiefmächtig): Ich bin es, der Bote des Allbarmherzigen.
Der Unbekannte (grollend): Barmherzig? Wer ist barmherzig?
P. Janssen: Gott ist es, unser aller Vater und Richter.
Der Unbekannte (unheimlich schwellend): Gott? Wer ist Gott?... Richter? Wer ist Richter?... Er, der nicht ist ohne mich, er will Richter sein? Richter bin ich!
Die Rumpfen (flehentlich): Alle Heiligen, bittets für ihn.
Der Unbekannte (halb aufgerichtet, sein Antlitz starrt grell und gelb in den Lichtkreis): Da bist du!... Endlich bist du da!... Den ich über eisige Felder und durch ausgebrannte Wüsten, den ich durch Sümpfe und Urwälder gejagt habe wie ein Jäger sein Wild, endlich bist du da!... Der sich unter hundert Fellen und Gewändern vor mir geborgen! ... Der sich hinter tausend Wolken und Bildern vor mir verkrochen!... Bist du müde geworden?... Findest keinen Ausweg mehr vor meinem nahenden Schatten? ... Oder fürchtest dich nicht mehr, weil du so mächtig geworden?... Du sollst mich fürchten lernen, du!... Deine Stunde ist gekommen! (Gebieterisch): Greift ihn und bindet ihn!... Führt mir Gott vor, daß ich ihn richte!
Die Rumpfen: Jeses Mariand Josef!
Der Unbekannte (mit entsetzlicher Gewalt): Führt mir Gott vor, daß ich ihn richte!... Hier, du, tritt heran vor den Thron meiner Einsamkeit!... Tritt heran vor die Füße des Menschen, deines Schöpfers und Richters!... Zum dritten Male, tritt vor in den Kreis deiner Ankläger!... Seid ihr versammelt, ihr Zeugen, ihr Kronzeugen und

Blutzeugen?... Ihr Mühseligen und Beladenen, ihr
Helden und Wahrsager, ihr Mütter und Jungfrauen,
seid ihr da? (Feierlich) Völker und Propheten! Schließet
um ihn den Ring der Menschheit, daß ich mit ihm ver=
fahre nach Recht und Gesetz!

Die Rumpfen: Alle Heiligen, bittets für ihn: daß er doch
bald erlöst wär!
(Renate und Thekla erscheinen bleich in der Dämmerung;
auch die anderen tauchen rings im trüben Zwielicht auf)

Der Unbekannte (ehern): Kein Heiliger kann ihm Heil
bringen! Kein Erlöser ihn erlösen! Ihn kann kein Be=
kenner mehr retten vor meinem Bekenntnis! (Schmetternd)
Nieder mit dir auf die Knie! Beuge dich vor deinem
Herrn und Schöpfer!

Lichtel (inbrünstig): Lieber Heiland, hilf ihm, hilf ihm, steh
ihm bei in Deiner Gnad!

Der Unbekannte (irr und wild, mit der Erhabenheit des Wahn=
sinns): Antworte: Wer hat dich gestaltet aus Nacht und
Nichts?... Gestehe: Wer hat dich geschaffen nach seinem
Ebenbilde?... Bezeuge: Wer hat dich gesalbt zum
Könige über die Kaiser und Fürsten?... Wer hat dich
gesetzt zum Wächter über die Richter? Wer hat dich
erfunden als Zunge im Munde der Propheten?...
Wer dich vorangestellt den Siegen der Helden, den
Ordnungen der Gründer, den Taten der Erneuerer, den
Geheimnissen der Seher und Büßer?... Wer? Der
Verträge, die ich mit dir geschlossen, entsinnst dich ihrer
nicht?... Wenn ich dich einst aus Donner und Blitz
gedeutet, wozu?... Als ich aus dem Wettergewölk des
Berges herniedergestiegen zum lagernden Volke, die ehernen
Tafeln in versengten Händen, weshalb opferte ich dir
den Ruhm meiner Weisheit? Berief mein Werk sich auf
dich?... Als ich im Tempelhofe unter den Schrift=
gelehrten stand, was bezeugte ich dich als höchsten Herrn
der Liebe?... Und für wen bin ich in Wahrheit am Kreuze
gestorben, hoch in der zitternden Glut der Einsamkeit?

Die Rumpfen (leise, in eine Pause hinein): Himmlischer Hei=
land, vergibst ihm ja die Sünd.

P. Janſſen: Keine Sünde mehr; Fieberwahn.

Der Unbekannte (vorübergehend bewußt): Was raunſt du Stimme dort in ferner Tiefe? Wahn? (Großartig) Ja, alles Wahn! (Schwächer) Alles iſt Wahn!... Auch du biſt Wahn!... Auch ich bin Wahn!... Alles iſt Wahn...

(Kurze Pauſe)

(Mühſam) Höret mich!... Ihr Völker und Geſchlechter!... Zum Weltgerichte hab ich euch gerufen und verſammelt — Weltgericht geſchehe an mir und meinem Werk. (Schweratmend) Ich armer Sünder; ich will beichten und bekennen... (P. Janſſen neigt ſich gegen den Sterbenden) ...Dir, du Geiſt des Lebens... euch allen, Verſtorbenen, Seienden und Ungeborenen... Beichten will ich und bekennen... Ich habe g e l o g e n; nicht dieſer hier redete zu euch durch mich, ſondern ich habe einſt zu euch ge‑ ſprochen durch ihn... Ich habe b e t r o g e n: denn nicht dieſem hier habt ihr gehorchet je und je, ſondern mir! ... Ich habe g e t ö t e t: denn nicht in ſeinem Namen habt ihr gewürgt und ſeid ihr gewürgt worden, ſondern in meinem Namen... Ich habe mich bedeckt mit Blut‑ ſchuld und Tränenſchuld der Jahrtauſende: denn ich hatte einen geſchaffen, deſſen ich nicht Meiſter blieb, der furcht‑ bar hinauswuchs über mich und euch und mein Werk verdarb... War euch zum Tröſter beſtimmt und ward euer Henker!... Sollte Almoſen ſpenden und nahm Wucher über Wucher von euch!... Sollte Friede hegen und ſäete Zwiſt unter Vater und Söhne und Brüder! ... Sollte wehren dem Morde und hat gemordet durch Millionen blutiger Schlächter auf tauſend Walſtätten der Welt!... Ehe und Ehre ſollte er ſchirmen und hat euch verführt zur Hurerei und Unzucht!... Eides Hüter und Helfer ſein und hat euch verleitet zu tauſend falſchen Schwüren!... (Tieftraurig wie in Tränen) Euch zu Liebe hatte ich ihn geſchaffen, aus eurer Sehnſucht und aus eurem guten Willen!... Wie kams, daß er von eurer Angſt und von eurem böſen Willen ſich nährte und ſtärkte und größer wurde als ich?... (Heftig, rauh) Da fiel ich ab von ihm, den ich euch gesetzt! Da habe ich gegen ihn gerungen mit Gegengöttern, die euch heimsuchten mit Feuer und Stahl!... Da verleugnete ich ihn, den ich selbst erhoben!... (In tiefer Todesangst) Verhöhnt und verspottet hab ich ihn, um euch zu befreien!... Mit dem Verrat furchtbarer Geheimnisse euch retten wollen vor meiner eigenen Tat!... Mit dem Gifte der Wahrheit verzweifelt gekämpft gegen die Arzenei der Lüge, und euch tödlich angesteckt!... (Verlöschend) Ich armer Sünder; Mensch von eurem Fleisch und Blut; ich bereue; ich will büßen; mir graut vor dem Widerhall der Ewigkeit; ich will mir selbst das Urteil sprechen vor eurem Gericht... (Aufs letzte angestrengt, mit eiserner Gewalt) Hier, ich zerschmettre ihn vor euren Augen!... Zu nichts werde, der du aus dem Nichts heraufgestiegen!... Ich habe dich gestaltet, denn du mußtest sein!... Ich habe dich bezeugt, denn ich bedurfte deines Scheins... Ich habe dich verleugnet und verfolgt, denn von meiner Rechten bist du abgefallen zu meiner Linken!... Ich vernichte dich, und in dir mich selbst! Denn durch dich bin ich irre worden an mir! (Er sinkt tödlich erschöpft zurück)

P. Heinrath: In diesen Abgrund dringt kein Ruf hinab.
Lichtel: Wird schon der liebe Gott auch ihm gnädig sein.
P. Janssen: Gott ist Gott der Barmherzigkeit.
Der Unbekannte (schwach, schweratmend): Ihr anderen aber — die ihr nach mir kommt —: schafft euch einen neuen Gott!... Einen besseren!... Einen treueren!... Aus eurer Sehnsucht schafft ihn; aus eurer Not; aus eurer tiefsten Macht... Den ewigen Gott... Den reinen... Ihr müßt!... Ihr müßt!... Müßt!... Sonst geht ihr alle zugrunde... Geht alle zugrunde!... Zugrunde... Wie ich... Ich...
P. Janssen (über ihn gekniet, tieftröstlich): Der Gott, nach dem du ringst, mein Kind, er ist hier; er harret deiner armen Seele; er verzeiht dir deine Fehle; heute noch wirst du bei ihm im Paradiese sein.
Der Unbekannte (beseligt erwachend): Mutter?... Bist du's? ... (Erlöst schluchzend) O Mutter, Mutter!... Ich bin

so müde ... Mutter, Mutter! ... Es war so heiß ... So
staubig ... Bin gefallen, schau, wie weh! ... Bring mich
zu Bett ... Mutter! ... Schlafen ... Schlafen ... Müde
bin ich, geh zur Ruh ... Schlafen ... Bleib bei mir ...
Schlafen ... (Er versinkt)
           (Pause)
P. Janssen (erleichtert aufatmend): Es ist vorüber.
Die Rumpfen: Gott geb ihm die ewige Ruh.
Der alte Geist: Und das ewige Licht leuchte ihm.
Chor (die Patres, Benda, Lichtel): Amen.
Vierling: Das war Ihnen schrecklich. Besser lebendig ver=
faulen.
Benda: Möcht man ja am liebsten Viech sein; nit Mensch.
           (Renate und Thekla treten vor)
Thekla (tastend): Bruno, bist du hier?
Wiegand: Armes Herz! Hat es dich sehr geängstigt? Du
zitterst.
Thekla (bebend an seiner Brust): Oh, Bruno, grauenvoll.
Grauenvoll. Denk auch du dran. Denk immer dran.
Renate (langsam, nachdenklich): Nun ist er bei der Mutter.
Thekla (nach Renate tastend): Führen Sie mich. Ich möchte
ihm das Kreuz auf die Stirne zeichnen. Ist Mutter
Karoline da?
Die Rumpfen (aus dem Knieen): Hier bin ich, mein Kindel.
Bin schon da. Bet nur grad ein Vaterunser für ihn.
Thekla: Will mit Ihnen beten. — Du auch, Bruno; bitte,
bitte.
Wiegand (ausweichend): Kind, wir müssen für ein ehrliches
Begräbnis sorgen.
Hylander (aufstehend): Ich gehe mit Ihnen.
Postel: Ich auch, ich auch. Nur heraus da für eine Minuten.
Thekla: Oh, Bruno! Kannst du nicht? Willst du nicht?
Mit mir?
Wiegand (fortdrängend): Kind, laß mich. Ich habe meine
Pflicht gegen den Toten da zu erfüllen. Komme bald
wieder. (Mit Hylander und Postel ab)
(P. Janssen und P. Heinrath, Lichtel und Benda
knieen in stummer Andacht; die Rumpfen macht sich zu

Häupten des Toten zu schaffen, der alte Geist kauert zu seinen Füßen)

Die Rumpfen (nachdem sie sich bekreuzigt und dem Toten die Augen zugedrückt): Weiß der liebe Vater im Himmel, was für ein glückliches Kind auch der einmal war!... Wieviel Hingab und Überschwang wegen dem war in einer Nacht, die alte Frag und die alte Antwort, und leichte Vorsätz, ja: als geschäh das Wunder zum allererstenmal, und die Welt wär ein Paradies ohne End, und man könnt das Himmelreich wie junge Lieb in sich hineintrinken... So wird ein Mensch aus Seligkeit.

Der alte Geist (zu Füßen des Toten, unterirdisch murmelnd): Wahr, wahr; da denkt wohl keiner an die Sterblichkeit. Und denkt nit dran, daß ein' andern Menschen schaffen soviel heißt als selber von Sommer eingehn in Herbst und bald in Winter.

Die Rumpfen: Wie der vielleicht erwartet is worden! Wie's die junge Mutter dem Herrn Ehliebsten ins Ohr gsagt hat und rot worden is dabei! Wie's dann sinniert hat bei jedem stillen Stich an der kleinen Wäsch; obs ein König wird oder ein Bischof oder gar ein Heiliger? ... Meint ja eine jede, das eigene Fleisch und Blut machet die Ausnahm, und tragt jede unterm Herzen einen heimlichen Heiland.

Der alte Geist: Wahr, wahr; davon lebt der Mensch, daß er hofft von Eltern auf Kind und Kindeskind und immer so weiter: mit dem Nächsten könnts besser werden und verbüßt und vielleicht ein neuer Anfang.

Die Rumpfen: Der da, wieviel schöne Sprüch mögen ihm worden gsagt sein, wie eine Weisfrau ihn über die Tauf gehalten hat im stolzen sauberen Bindgewand! Sollst ein Trost sein deinen Eltern — sollst ein Vorbild sein deinen Brüdern — sollst ein Christ und Licht sein allen Menschen!... Und dann, wie er sein erstes Wort einmal geredet hat! Wie er eingangen is in die gescheite falsche Menschensprach!

Der alte Geist: War Mutter vielleicht, wie sein letztes beim Ausgang.

Herczy (in finsterem Schmerz, wie ein Echo): Das Wort, das ich so oft von blassen Lippen gelesen! Mutter, Mutter!... Freiheit! am Morgen, wenn die Fahne rot im jungen Winde knatterte; und abends, die Hand auf zerschossenem Herzen: Mutter, Mutter!

Die Rumpfen: Seh ihn da ordentlich vor meiner: wie die Mutter ihm die kleinen Händ faltet und sagt ihm das erste Gebetl vor. Ewiger Sonntag im unschuldigen Herzen; die Welt weit und voller Wunder; das Jahr ewig und voller Freuden. Wie er zum erstenmal eine Kirchen g'sehn hat, die brennenden Lichter, die blaue Mutter Gottes in den Wolken!

Der alte Geist: Und den ersten Sarg, und das erste Grab.

Die Rumpfen: Und dann, und dann, wie nach vieler Unruh halt auch seine Zeit gekommen war — wie er vor einem anderen Liebfrauenaltar gekniet is, der ganze Mensch so aufgeregt und rauschig, als könnt er die Stern vom Himmel in seine Brust reißen und die Höll sprengen!

Der alte Geist: Wahr, wahr; da trittst, Mensch, aus dem Haus heraus in die Friedhofstraßen.

Die Rumpfen: Und wie muß es dann kommen sein? Daß es ihn gar so vergiftet hat? Hat er sich verbrannt an einem Licht? Hat er sich übernommen an einer Süßigkeit?... Is ihm eine bittere Not worden zu Sünd und Schuld?... Weiß einer, wer er war?

Der alte Geist: Er, ders allein weiß, hats mit sich hinübergenommen, wie jeder. Is ja jeder über Erden ein Neuer, und kann keiner keinem sich zeigen. Nur unter Erden, bei mir daheim, da sinds alle wieder gleich.

Die Rumpfen: Und bei mir, in meinen Händen. Darum schau, muß ich das immer denken, sooft einer mir begegnet, der staubig und zerhadert seiner Straßen geht, Landstreicher oder Sündiger... Mensch, armer, muß ich denken, warst auch du einmal so ein Blindes, wies ihrer Tausender in meinen Armen g'legen sein und ihren ersten Hahnschrei tan haben vor dem Licht!... Hat auch dich eine Mutter in Weh und Not geboren, hat dir blasser aus stillen Augen zug'schaut, wies dich da faltiger ge-

wunden haſt unter der erſten Tauf!... Haſt auch du dein kleines Paradies g'habt, deine Unſchuld einmal, deinen lieben alten Gott im Bart — und haſt hinaus müſſen unter die Diſteln und Dornen, haſt geliebt, haſt geträumt, haſt geſucht, haſt gefehlt... Schau, und wenn ich das denk, wie alles lebt und ſo gern lebt und ſo ſchwer, dann nimmts alle Härten von mir, und nix bleibt in dieſem alten Herzen übrig als ein groß Erbarmen!
(Renate ergreift die Hand der alten Hebamme und küßt ſie inbrünſtig)

Der alte Geiſt: Hab nit weniger, hab dasſelbe Erbarmen, wenn ich alles ſo von meiner Seiten erſchau, am anderen End. Was bleibt übrig?... Wer den Prozeß gewonnen hat und wer verloren, wie willſt es kennen ohne Stein und Nam?... War da einmal eine Schlacht um den Friedhof, Franzoſen und Deutſche, und den franzöſiſchen Hauptmann und den deutſchen habens zuſammengelegt ins ſelbe Grab. Soll da vom Franzoſen die Leich nach der Heimat zurück; ich decks auf; da wachſts ſchon ſtill herauf unter meiner Schaufel, Schädel, Beiner, Rippen, ſo liegens beieinand. Ja, aber welcher war der Franzos und welcher der Deutſche von die zwei Brüder?... Je, je!... Sixt, und wann man ſich an das gewöhnt, und ſieht halt überall das gleiche Geripp unterwegs durchs Leben, beim Eſſen, beim Tanz, bei der Arbeit, beim Sich=Vermeſſen, bei jeder Erdenſaat und Ernten das gleiche Geripp, wie du ſelber es in dir haben tuſt: — ſo kommt dir alles wie ein trauriger Faſching vor und mußt dich erbarmend fragen: zu was denn alles, zu was denn, zu was?... Was bleibt denn übrig?... Zu was denn Haß und Hoffart und Sucht, wenn das Leben bei aller Prahlerei doch denn gleichen Ausgang nimmt, Glück oder Unglück?
(Wiegand, Hylander, Poſtel und die Matroſen Clas, Jaſper, Henning, Jan — dieſe ein Segel tragend — kommen im Schein einer ſchwankenden Laterne die Treppe herab)

Clas (geekelt ſich ſchüttelnd): Heilig Steuer.

Jan: Das ne Luft, ja. Buh.

Jaſper: Und das könnt'r aushalten?

Herczy: Müssen.
Postel: Da oben, der reine Prater gegen das dahier.
Clas: Wo liegt er nu?
P. Janssen: Hier.
Clas: So'n Katholike woll?
P. Janssen: Vermute, daß er es einst gewesen.
Clas: Seid'r zu Ende mit eurem Gottesdienst da?
P. Janssen: Noch ein letztes Gebet werden wir über ihn sprechen.
Clas: Dann macht man. Hie is nich zu bleiben.
  (Die beiden Jesuiten knieen abermals nieder zu seiten des Toten; die Kumpfen, Thekla, der alte Geist, Lichtel, Benda, Peschke und Renate schließen sich der Andacht an)
Wiegand (unterdrückt, zu Henning): Und Sie sagen, es gibt Getränk an Bord?
Henning: Schwere Menge! Bloß kriegen tut mans nich!
Wiegand: Und Sie können das aushalten?
Henning: Sehr lange nicht mehr; das kann ich sagen.
Wiegand: Der Kapitän verweigert euch den Trunk?
Henning: Wär ja sonst wohl anners.
Wiegand: In solcher Not?
Henning: Desto wen'ger.
Jan: Is eben Ladung. Kann sein, man kommt doch noch mal ran.
Wiegand: Hörst du, Herczy? Getränk in Hülle und Fülle, und wir verschmachten!
Striez (sich andrängend, gedämpft): Was? Zu trinken was? Was heert man da?
Wiegand: Haben Sie denn kein Mittel, ihn zu zwingen?
Henning: Haben tut man wohl welches.
Wiegand: So wenden Sie's doch an! Sie müssen! Not hat jedes Recht!
Striez: Na nu natierlich! War immer mein Prinzip! Not bricht Gitter! Hab ich recht?
Henning: Sag ich auch. Sag ich längst.
Renate (halblaut, heißer gegen Jan, der sich an sie herangedrückt): Weg, du! Rühr mich nicht an.
Herczy (zwischen den Zähnen): Lassen Sie das Mädchen in Ruh! Habt ihr noch nicht genug?

Jan (frech): Genug, wir? Ihr, ja! Haben in Callao nich gelöscht; das macht warm! Und Not hat ja jedes Recht, heißts da.

Wiegand (gegen Henning): Wenn Sie wirklich ein Mittel kennen, so m ü s s e n Sie es ergreifen! Unbedingt! Da gibt es kein Bedenken mehr — es ist einfach Ihre P f l i c h t —

Clas (scharf, finster): Was redt'r da?... (zischend) Henning!

P. Janssen (aufstehend, beide Hände über den Toten gestreckt, feierlich): Führe uns nicht in Versuchung.

Chor der anderen Beter: Sondern erlöse uns vom Übel — Amen.

P. Janssen: Herr, gib ihm die ewige Ruhe —

Chor: Und das ewige Licht leuchte ihm.

P. Janssen: Von den Pforten der Hölle —

Chor: Errette, Herr, seine Seele.

P. Janssen: Laß sie ruhn in Frieden —

Chor: Amen.

P. Janssen: Herr, erhöre mein Gebet —

Chor: Und laß mein Rufen zu Dir kommen.

P. Janssen: Lasset uns beten! Dir, o Herr, empfehlen wir die Seele Deines Dieners, damit er, der der Welt abgestorben, Dir lebe, und was er aus menschlicher Gebrechlichkeit gesündigt, das wollest Du vermöge Deiner erbarmungsvollen Vaterliebe rein waschen. Durch Jesum Christum, unseren Herrn —

Chor: Amen.

Clas (der die Zermonie mit finsterem Mißtrauen beobachtet): Is nu zu Ende?

P. Janssen: Nehmt seinen Leib.
(Die vier M a t r o s e n schlagen den Körper des Toten in das Segel und tragen ihn langsam die Treppe hinan)

Herczy (dumpf): Wann kommen wir daran?

Zweiter Akt

Zwischendeck. — Nachmittag.

Wiegand, Herczy, Hylander kauern in dumpfem Brüten auf Kisten und Kojenschwellen; der alte Geist hockt wie zu Anfang unbeweglich auf seinem Koffer; andere liegen in ihren Verschlägen. Auf der Frauenseite — rechts — vor einem Verschlage die Kumpfen, den Schlummer Theklas bewachend. Die beiden Jesuiten schreiten leise auf und nieder. Renate, die Hände vors Gesicht geschlagen, sitzt unter der Treppe auf einem Schemel

Peschke: Der wievielte Tag, möcht ich wissen.

Herczy (trüb aufsehend): Ist Morgen? Abend? Weiß nichts mehr.

Hylander (leise): Nachmittag.

Bierling: Alles ja sowieso gleich und aus.

Die Kumpfen (auf den Fußspitzen herüberkommend): Schlaft jetzt endlich. Solls, solls. Das Beste.

Peschke: Och, könnt man den Tod verschlafen, ja.

Die Kumpfen (auf einer Kiste sich niederlassend): Von mir kanns kommen wies will. Hab mein Teil gelebt. Och ja.

P. Heinrath (ihre Hand erfassend): Nicht verzagen, Mutter, nicht verzagen! Morgen schon vielleicht haben wir Wasser, Wind und Weg.

Die Kumpfen: Ich verzagen, Hochwürden, noch schöner! Mein, da hätt ichs längst wohl müssen! Hab ja mein Herrgott! ... Bloß man möcht sein Sach geordnet haben. Und daß nit vielleicht ein andrer Mensch glaubt, man hätt ihn verlassen in der Not.

Hylander: Haben Sie einen Wunsch oder Gruß zu bestellen?

Die Kumpfen: Kennen ja so schon die Gschicht. Jetzt wartet er umsonst auf mich.

Der alte Geist: Umsonst is alles zwischen Geburt und Tod. Werd auch mein Kind nimmer heimholen. Was bleibt übrig?

Hylander: Hat jemand eine Flasche?

Peschke: Ich. Bloß leider leer.

Hylander (gegen die Patres): Flaschenpost.

P. Janssen: Ein guter Gedanke.

Hylander: Vielleicht spülen Strom und Flut die Botschaft an bewohnter Küste an; oder sie wird von vorüberfahrendem Schiff aufgefangen —

Bierling: Weiß wohl keiner, wo er wieder ans Land kommt; und ob.

Die Rumpfen: Wanns nur mit dem Schreiben nit seine Tucken hätt. Müßt mich rein schämen.

P. Janssen: Dem wäre am ehesten abzuhelfen.

Die Rumpfen: Ja, wenn der hochwürdige Herr Pater mir so ein Briefel wollt aufsetzen! Wär mir ein Stein vom Herzen. Die alten Händ da, soviel lebendiger Menschen sie aus Weh und Nacht herausgehoben haben, schreiben habens nit derlernt. Wann halt der hochwürdige Herr Pater wollet so gut sein?

P. Janssen: Gerne, von Herzen gerne, Mutter. Es sind da zwar noch Freunde —

Die Rumpfen (entschieden): Hochwürden! Daß ichs ehrlich und aufrichtig sag: — wann niemand andrer da wär mir zu helfen, ja! Aber so? ... Ein alter Mensch hat halt sein Zutrauen. Die Jungen bauen neue Häuser, da kann unsereins sich nimmer recht einwohnen. (Sie knöpft einen Brief aus dem Brusttuch) Dahier, hochwürdiger Herr, lesens, werdens gleich verstehn. (Gegen die andern) Will niemand beleidigen. Soll jedem das Seine heilig sein. Kommen ja zum Schluß doch alle zusamm. Und geht auf den Abend noch mancher im alten Haus sein Schlafquartier suchen.

P. Janssen (auf den Brief deutend): Und daraufhin haben Sie sich zu solcher Reise entschlossen?

Die Rumpfen: Was hätt man denn tun sollen, Hochwürden? Hat man sich einmal in Freud gehört, so jetzt auch im Leid. Und was dazwischen liegt — Schwamm da drüber.

P. Janssen: Das sei gesagt: hier steht eine echte, gute Christin!

Die Rumpfen: Aber ich bitt, Hochwürden Herr Pater! Daß ich mich rein schämen müßt! Was sollet ich denn machen, wanns ihm so schlecht geht, wie er da schreibt? Und er möcht die Heimat noch einmal sehn und mich? Was hätt ich tun sollen? Das Geld ihm schicken? Was is Geld, wo einer ein Menschen braucht? Und er is am End vielleicht krank? ... Gehst halt lieber gleich selber,

hab ich mir gsagt, und hebst halt in Gotts Nam das
letzte große Kind aus Weh und Tauf ... Na, und da
bin ich jetzt und möcht nix andres als das Eine ihm zu
wissen machen, ich war auf dem Weg und die paar
Groschen und das zusammgsparte Häusel g'höreten sein
auf mein Todesfall. Wo der Herrgott in seiner Einsicht
das Kind zu sich g'nommen hat ... Und daß ihm alles
längst verziehn is. Ihm — und der anderen auch. Sein
mir doch alle Menschen, wie ich schon immer sag.
P. **Janssen** (nach kurzer Pause): Kommen Sie, Mutter; wir
wollen den Brief schreiben.
Striez (nachrufend): Vergessen Se nich uns zu bedenken in
dem Vermächtnis.
Die Rumpfen (zurückgewendet): Mit täglich fünfundzwanzig,
ja, am liebsten. (Mit P. J a n s s e n ab nach dem Hintergrunde)
Hylander: Schicksale. Da geht einer rund um die Erde
einer Sonnenfinsternis nach, ein Greis seinem verlorenen Kinde, eine mutige alte Frau ihrem Christentum —
Heß (fortsetzend): Einer seinem guten Recht auf vier grade
Pfosten und ein ganzes Dach —
Postel: Einer dem Stephansturm —. Nämlich, ich hab
mir wollen mein Haus erst kaufen. Auf dem Brillanten-
grund, wanns es tragen hätt. Hab bis dato gewöhn-
lich auf dem Paradplatz loschiert, in einem Hofzimmer,
mit Gitter vor die Fenster und von dorten sicht man in
Stephansturm nit.
Lichtel: Hab wollen der Mutter den verschuldeten Hof
vom Juden freimachen. Daß sie ein Alter ohne Sorgen hätt.
Peschke: Ich: mir eine Heimat gründen irgendwo. War
einmal ein besserer Mensch, könnens mir glauben.
Benda: Wär ich ja nit gangen, wann arme Viecher, Invaliden, hättens mich nit arm gfressen. Bissel a Geld
nur, daß hätt wieder können leben und leben lassen. Aus
is, no, ise aus, alles.
Striez: Ich: ich wollte mal Ich sein, janz einfach. Will
doch jeder. Hab ich recht?
P. **Heinrath:** Und wir: wir wollten den armen Indianern
der Felsengebirge die frohe Botschaft der Erlösung bringen.

Herczy (düster): Um andere Indianer aus ihnen zu machen. Schlimmere. Sie wollens nicht, aber Sie wirkens.

P. Heinrath (gütig tröstend): Freund, ich verstehe. Aber weil der Einzelne in seiner schwachen Kraft das Riesenwerk nicht vollenden kann, deshalb muß man an der inneren Wahrheit nicht verzweifeln. Einmal, nach schweren Stürmen vielleicht erst, wird das Festland doch erreicht.

Herczy: Festland? Es gibt nur Inseln, kleinere, größere, und rings Ozean.

Wiegand (aufgestanden, zu Renate): Renate, was hast du? Bist du krank?

Renate (zeigt ein verweintes Antlitz): Was willst du von mir, Bruno?

Wiegand: Renate, was ist mit dir?

Renate (schüttelt den Kopf, langsam): Laß nur, Bruno, laß. Sorg dich nicht um mich. (Das Angesicht wieder in den Händen) Das kann ein Mann nicht verstehn.

(Pause)

Hylander: Glück, Glück ists schließlich, was wir alle suchten. Glück der Erkenntnis, Glück des Besitzes, Glück der Wohltat —

P. Heinrath: Glück ist keine Sünde. Gottloses Glück nur ist Schuld. Jedes Glück zur höheren Ehre Gottes, so sind wir frei, einig und erlöst.

Hylander: Omnia ad majorem Dei gloriam. Der berühmte Wahlspruch, ja.

P. Heinrath (inbrünstig erglühend): Der Wahl- und Wahrspruch der ganzen Menschheit sein sollte! Dann wäre endlich der Weg gefunden, nach dem wir alle im Finsteren schweifen, jeder für sich in banger Einsamkeit, vom Schein unsteter kurzer Fackeln und kreisender Wandelsterne in die Irre geführt.

Hylander: Den nur können die Gestirne in die Irre führen, der ihre Bahn und unsern eignen Weg nicht kennt.

P. Heinrath: Die Ehre Gottes auch in diesem Gleichnis! In allem! Denn was ist Gott? Gott ist die lebendige Liebe, und wer dies vergißt und leugnet, der leugnet und vergißt den Sinn des Lebens selbst.

Herczy (dumpf in sich hineinseufzend): Ja, wenn das mehr wäre als frommer Glaube!... (Eratmend) Kampf, Haß, Tod — anderes habe ich in diesem Leben nicht gefunden.

P. Heinrath (warm, überzeugt): In niedrigem Leben, das um niedriges Glück ringt, gewiß nicht! Wesen und Werk der Hölle!... Aber sind wir nicht durch Gottes lebendige Liebe erlöst worden vom Fluche des vorwitzigen Fleisches?... Sind wir nicht durch den Liebesgekreuzigten erweckt worden zu neuem Sinn und Willen? Zu Wesen und Werk, zu Glück und Glaube eines höheren, himmlischen Lebens? Wenn noch nicht alle es fassen können, sollen wir deshalb die Botschaft des guten Willens leugnen und verschmähen? Alles zur höheren Ehre Gottes, was heißt denn das?... Forschen und erkennen in demütigem Glauben; arbeiten und ernten in dankbarer Hoffnung; geben und nehmen, da sein und wirken in einfältiger, wissender Liebe. Das heißt: Ehre Gottes in allem.

Wiegand (der in bösem Brüten, an einen Pfosten gelehnt, mit geschlossenen Augen zugehört, langsam vortretend): Gut, Herr Pater! Schön! Wunderschön!... Aber — wenn Sie das predigen, warum handelten Sie nicht darnach?... Oder war diese höhere Ehre Gottes vielleicht auch in den Blutgerichten, die Recht und Licht so oft im ersten Aufflackern verlöscht haben?... In den Scheiterhaufen, die zum Gedächtnis des gekreuzigten Erlösers gen Himmel brannten?... Ist vielleicht höhere Ehre Gottes und guter Wille in Ihrer Verfinsterungs= und Gehorsamspolitik?... Dieser Politik, die uns in hellen Scharen aus der Heimat vertreibt?... Und wer denn ist schuld daran, daß nicht alle es fassen können?... Wer denn hat aus dem sogenannten Christentum ein Hemmnis gemacht statt einer Förderung?... Wer denn hat den höchsten Gedanken der Menschheit, den Gedanken der Freiheit, mit allen Mitteln grausamer Schlauheit und wortbrüchiger Gewalt unterdrückt und damit auch die Hoffnung, den Glauben, die Liebe erstickt?... Wer?

P. Heinrath (in eine Pause aufatmender Empörung hinein, traurig): Freund, auch in dieser Stunde nichts als Anklagen?... Immer und immer wieder nur diese Vorhaltungen verjährter Fehler des Eifers? Wenn Sie mit Vorwürfen fragen — soll ich mit der Frage antworten: (strenger) wer denn hat je und je mit kindisch rohem Übermaß uns dazu gedrängt, das heilige Reich, die Christgemeinschaft der Völker, die Heimat der Menschheit mit Feuer und Schwert zu verteidigen?... Wer?... (Steigernd) Wer denn hat mit vorwitzigen Behauptungen der verschwiegenen Arbeit enthaltsamer Menschenkenner immer wieder vorgegriffen? Übereilte Türme ohne Lot und Berechnung von strebender Kraft und tragender Last an unseren Gerüsten vorbei ins Blaue getrieben? Türme, die schon unter ihren Erbauern wankten und einstürzten und euch und unser geduldiges Werk und Legionen Unschuldiger in ihren Trümmern begruben!... Wer hat den Unkrautsamen des Hasses immer wieder über unsere Äcker versäet — wer?... Wer denn hat uns die Worfschaufel in die Hand gezwungen?... Wer uns zu Übergriffen zorniger Notwehr verleitet?... Wer mit vorlauter Schwärmerei stets aufs Neue unsere emsige Stille gestört?... Wer?... (Aufstehend, in gütigem Zorn) Ich sage Ihnen, Freund — wäre es nicht an euch ungeduldigen Geistern — längst schon vielleicht hätte jener höchste christliche Gedanke einer weltumfassenden Freiheit und Liebe die dauernde Form gefunden, in der die erlöste Menschheit ihrer Einheit sich bewußt sein könnte! Und das habt ihr vereitelt!... (Noch einmal auf Wiegand zutretend) Und noch eines sage ich Ihnen: die Antwort, die das Leben selbst Ihnen auf Ihre Anklagen geben wird, diese Antwort wird bitterer sein als die des verhaßten, verdächtigen Jesuitenpaters! Bitterer und unbarmherziger. (Er wendet sich und geht gesenkten Hauptes nach dem Hintergrunde)

Herczy (dumpf, wie Echo): Bitterer, ja, und unbarmherziger. Die Antwort der Wirklichkeit auf die Wahrheit. Mit Flinten und Fahnen und Feldgeschrei allein geht es nicht.

Wiegand (von oben her, verächtlich, ungefähr): Mit Rosenkränzen und Skapulieren wohl besser? Ha! (Bitter auflachend) Spielen wir uns keine Komödie vor, Herczy. So seid ihr nun mal. Na.

Herczy: Wer? Wer: ihr?

Wiegand: Na — Ihr da unten aus dem Süden. Wehleidige Weichleiber. Viel Worte, viel Jammer, keine Tat — die alte Geschichte.

Herczy (heiser): Und das wirfst du mir vor?... Du!... Wer hat in Blut und Rauch auf den Barrikaden gestanden — du oder ich?

Wiegand: Na ja, das bißchen Barrikadengeschieße da!... Weil es um euren Hals ging!... Das nennt i h r Freiheit!

Herczy (mächtig, aus der Tiefe, Wiegands Arm erfassend): Mensch!... Das sagst du mir?... Mir?

Wiegand: Euch allen! I h r geht immer wieder reuig zu den Pfaffen über!

Herczy (heftig zurückflammend): Und ihr?... Wer ist denn pfaffenhafter als ihr? Ihr mit eurer hochmütigen Unfehlbarkeit!

Wiegand (schneidend auflachend): Natürlich! Euch ist jede feste Überzeugung unbequem!

Die Rumpfen (vorkommend): Müßts denn so schreien? Wieder aufwecken das arme Kindel! Mannsbilder, Mannsbilder!... Statt daß jeder jetzt dem anderen hilft oder sich still in einen Winkel setzt und zu seinem Herrgott betet!

Wiegand (ungeduldig): Na, so betet, betet, meinetwegen!... Werden ja sehn, ob dieser Gott zu seiner höheren Ehre ein Wunder geschehen läßt!... Ob e r euch die Spunde der Fässer öffnet, die vielleicht nur durch eine dünne Wand von uns getrennt sind!... Und du, Herczy, bete vor! Ausnehmend gut wird dir das stehen!

Herczy (beherrscht, versöhnlich, mit tiefbebender Stimme): Wiegand!... Wiegand!... Ich wills vergessen!... Ich hab es schon vergessen!... Wiegand! Bleiben wir Brüder!... Denk: ich habe mehr überstanden als du! Ich bin älter; ich bin müder.

Wiegand (verletzend): Da geh dann nur offen hin und beichte deine Ketzerei! Was gehts mich noch an? Wer nicht für mich ist, der ist gegen mich. Ihr habt einen anderen Geist.
Otto: Ho, aufsehn! Hoher Besuch! Da habt'r nu schon das Wunder!
(Clas, ein Blatt Papier in der Hand, Jasper und Niels kommen die Treppe herab)
Striez: Nanu? Braucht Ihr vielleicht ne Hebamme da oben?
Otto: Habt'r euren Olen nu endlich über Bord jeschmissen?
Clas (ernst): Ihn nich. Aber andres. (Am Fuße der Treppe, sich umsehend) Also, wer is da eigentlich Kaptein oder Steuermann unter euch?
Striez: Jibt da mehrere, schwarze und weiße, und sein wills jeder.
Clas: Keine Späße. S'is Ernst nu. Ener dahier wird woll was Schriftliches uffsetzen können?
Jasper (an Wiegand): Sin das nich Sie, der gesagt hat: Not hat jedes Recht?
Wiegand (argwöhnisch, scharf): Warum? Was soll das heißen?
Jasper (bestimmt): Doch, Sie sinds. Sie haben das gesagt.
Wiegand (befangen, aber wieder ermannt): Gut, ja, ich bins, ich habs gesagt, ich stehe dafür ein. Warum?
Jasper (ohne der Gegenfrage zu achten, weiterbohrend): Und haben zum roten Henning auch gesagt, wer müßten das Mittel anwenden, das wer haben?
Wiegand: Hab ich's gesagt, so nehm ich's sicher nicht zurück.
Jasper: Und daß wer den Kaptein zwingen müssen, wenns anners nich geht, das haben Se auch gesagt.
Wiegand: Und bleib dabei, und wiederhols, so oft Sie wollen, und meinetwegen vor dem Kapitän.
Jasper: Sehn Se; eben. Nu, Clas.
Clas: Ja. Das also alles sollen Se uns schriftlich geben. Darüber sollen Se uns nen Aufsatz machen.
Wiegand: Einen Aufsatz? Ich?
Clas: Ja, nu. De Not is nu da. Haben woll selber da was zusammengebracht —.

Niels: Aber uns gehts nich von de Finger, verstehn Se. Unsre Finger sin hart wie Tau.
Clas: Ja, und unsre Köppe sin nun mal nich für das. Nämlich also, es sollt so ne Art — —.
Niels: Denkschrift — oder — wie sagt man? ... Protokoll ...?
Clas: Ja, also, so'n Protokoll sollts werden — —.
Niels: Wo alles drin steht, verstehen Se. Wie's gekommen is — —
Jasper: Wie's mit Wasser und Proviant steht — —.
Niels: Na, und das mit dem Kerl da, vor Ausfahrt noch, de Sache — —.
Jasper: Daß wer Wein, Bier und Branntwein im Raume haben — —.
Niels: Daß schon, weiß nich wieviele gestorben sind — —.
Clas (ungeduldig, zum Zwecke): Nämlich, es is also wegen dem Seegericht. Daß man sieht, wer haben a n n e r s nich gekonnt.
Niels: Und da muß alles ordentlich beisammenstehn. Segel bei Segel, richtig gesetzt und getakelt.
Wiegand (froh, ungestüm): Ah! Ihr w o l l t nun also von eurem Rechte endlich Gebrauch machen?
Clas: Wer müssen, Recht oder nicht.
Niels: Von uns sind doch auch schon zweie hin. N Junge und der zweite Bootsmann, Petersen, soff Meer, fertig.
Vierling (seinen Mund mit den Fingern aufziehend): Ich bin der Nächste an der Reih. Da, in mein Maul schauts herein.
Clas: Das setzen Se nur alles rein. Und was den euren gefehlt hat.
P. Janssen (hinzugetreten): Scharbock; Skorbut.
Clas: Nu, und von was kommt der Scharbock?
Benda: Von schimplichte Futter, bitte. Von schlechte Wasser. Bei Ochs und Pferd ganz gleich, gibte man Knofel, bitte, gibte man, und Essig.
Clas: Sind Sie 'n Arzt?
Benda: Abdecker nur, bitte; Schinder. Benda Wenzel aus Uržic bei Nežamisliec, bitte.
Clas: Aber unterschreiben müßt'r alle. Sie auch.
Benda: Abe jo, bitte; wann könnt ich, gern.

Striez: Ich mit Bajnjesen. Ludwich Striez, der Name wird mächtchen Eindruck machen.

Paula: Schampanjer habt'r auch? Süß muß er sein.

Niels: Zu trinken is da, um Ochsen drin zu ersäufen. Bloß es is Ladung, für Kalifornien.

Willem: Ladung, Ladung! Ladung sin mer ooch!

Jasper: Da sind 'n paar droben, wie die Affen bös.

Bierling: Herrgott, Sie, hörens! Ich bin Ihnen sonst eine Seel von Mensch, kann keiner Fliegen nix tun. Aber für ein Seidel Wasser schlaget ich Ihnen heut den besten Freund tot.

Otto: Wenn eener am Verrecken is, wird er doch 'n Deibel tun und vorm Fasse krepieren!

Niels: Sag ich auch.

Clas: Wer müssen, Recht oder Unrecht.

Wiegand: Nein — nicht: Recht oder Unrecht! Pflicht! Pflicht! ... Eure Pflicht ist es, zu meutern! Eure Pflicht gegen den Maat, den Leidensgefährten! Eure Pflicht gegen uns! ... Kapitän? ... Wer ist denn schließlich Kapitän? Ihr! Ihr habt tote Ladung und lebendige Fracht über den Ozean zu verschiffen! Wir alle! In unserer gemeinsamen Not! ... Es gibt keine Kapitäne von Gottes Gnaden! ... Wer dem, der keinen Gehorsam verdient, den Gehorsam weigert, der ist keinem Gerichte der Welt Rechenschaft schuldig! ... Denn er erfüllt gegen Genoß und Mitmensch einfach seine Pflicht! Seine warnende Pflicht! ... Und das tut ihr!

Herczy (ernst und schwer): Wenn er damit das Recht auf Ordnung wahrt oder herstellt. Sonst nicht.

Clas (trocken, nach kurzer Pause): Von dem allen verstehn wer wenig. Was wer wollen, is, daß Se uns einfach bezeugen, wie's gekommen is. Daß Se uns das zurecht= machen und alles reinsetzen, was reingehört; damit man sich drin auskennt. Daß man sieht, von uns war de Ladung nicht so schlecht verstaut, daß se hat müssen über= schießen. Das sollen Se uns zu nem vernünftgen Garn spinnen; von wegen Seegericht nachher. Mehr verlangen wer nicht. Das Andre is unsre Sache.

(Der Kapitän erscheint plötzlich auf der Treppe)
Kapitän: Was soll das heißen? Was sucht ihr hier?
(Pause)
Kapitän: Hinauf an eure Posten! ... Hab ich euch nicht jeden Verkehr mit dem Zwischendeck untersagt?
(Pause)
Kapitän (stärker): Zurück auf Deck an eure Posten!
(Pause)
Kapitän (donnernd): Hinauf, an eure Posten!
Clas (schwer und laut): Nein.
Kapitän (fauchend): Was?
Clas: Nein.
Kapitän: Was? ... Noch einmal!
Clas (erzstarr): Unter Eurem Kommando, Kaptein, haben wer keine Posten mehr.
Jasper: Posten hat der satte Mann, nich der kranke.
Niels: An seinen Posten kann der einen weisen, der selber auf dem seinen steht.
Kapitän (erstickt): Ja — seid ihr wahnsinnig?
Clas: Wer wärens woll, wenn wer da länger noch gehorchten.
Kapitän: Ihr wollt mir den Gehorsam weigern?
Clas: Das tun wer hiermit.
Kapitän: Meutern wollt ihr?
Clas: Wenn Ihrs so nennt, Kaptein: — ja, wer meutern.
Kapitän (bebend vor wütender Verachtung): Ihr drei? Ihr wollt meutern? Ihr?
Clas: Wir alle, Kaptein! Wir alle bis zum letzten Maat und Mann!
Kapitän (zuerst starr vor Zorn, dann wie ein zischender Wetterschlag, die Pistole heraus): Das wollen wir noch sehn!

(Gleichzeitig) { **Jasper:** Ha! ... Ho! ... Halt!
{ **Niels:** Weg damit!
{ **Clas:** Faßt'n! ... Haltet'n!

(Der Kapitän wird sofort, trotz knirschenden Widerstandes überwunden, von Jasper und Niels festgehalten, während Clas ihm die Waffe aus der Hand windet und sie in seinem Gürtel versorgt)

Clas: Keine Gewalt, Kaptein! ... Sonst kommen wir mit Gewalt!

Kapitän (erstickt, gegen Wiegand hin): Das habt ihr angezettelt!

Wiegand: Nein, sondern Sie selbst, Herr Kapitän! Habe ich es Ihnen nicht vorausgesagt? Blinder und tauber Gehorsam ist kein Gehorsam. Sie haben Ihre Pflicht versäumt; dafür vollziehen diese Leute nun die ihre.

P. Janssen (dazwischentretend, eindringlich): Herr Kapitän — Ihr Leute — der Heiland am Kreuze betete für seine Peiniger; der fehlbare Mensch hat um so mehr Ursache, dem fehlbaren Mitmenschen zu verzeihen. Herr Kapitän: erfüllen Sie Ihre christliche Notpflicht, auf jede Gefahr hin; machen Sie gut, was Übermaß vorsichtiger Strenge vielleicht verbrochen hat ... Und ihr: denkt daran, daß der, dem ihr jetzt Zucht und Gehorsam künden wollt, Schiff und Mann heil durch den furchtbaren Eissturm um Kap Horn gebracht hat. Das sollte der eine dem anderen doch nicht vergessen! ... Wozu feindselige Gewalt, wo friedliches Verstehen allen nützt? ... Herr Kapitän: stillen Sie den Durst Ihrer Leute, und sie werden sich fügen und wir alle werdens Ihnen danken!

Niels: Sie, da sind Se aber falsch! ... Wir werden uns nicht fügen und werden uns nicht geben lassen, sondern n e h m e n, n e h m e n werden wir, was uns gehört!

Clas (finster, scharf): Und überhaupt, was haben S i e hier dreinzureden?

P. Janssen: Ich bin ein Christ, mein Freund.

Clas: Ich bin nicht Ihr Freund; das merken Se sich wohl

Niels: Und Ihr katholisches Christentum behalten Se für sich; da husten wer drauf.

P. Janssen: Christus der Herr ist für die ganze Menschheit in Demut gestorben.

Niels: Wir aber sind keine Christusse nicht, verstanden! ... Und wenn Se aus lauter Christlichkeit lieber krepieren wollen, man zu: hab nichts dagegen. So ne Papisten bringen doch bloß Unglück.

Kapitän (wild auflachend): Da hört Ihrs! Tränkt sie nur, diese liebe Menschheit, öffnet ihr Keller und Spunde! Glaubt ihr, ich hätt nicht gewußt, warum ich Raum und Gut unter Riegel halte und vor wem? ...

Jasper (zorngewaltig): Kaptein! ... Habt Ihr nicht an unsrer Gesundheit gespart zu Eurem Vorteil? ... Habt Ihr nicht wider Kurs einen Hafen übersegelt, nur um mit der verdammten Ladung da schnelle Reise zu machen? ... Habt uns nicht in Not und Pest gebracht? ...

Niels (ebenfalls losbrechend): Und wenn vom Sturm am Horn drunten schon de Rede is — wer hat da Schiff und Mann heil durch die Nacht gebracht? ... Was? ... Wie? ... Der? ... Der? ... W i r! Wer is da auf den Rahen geritten, scharf überm Wasser? ... Wer hat da an Schoten und Halsen gehangen, See über See um die Ohren, ganz blind und taub vor Wind und Salz? ... Der? ... Der? ... W i r! ... Für wen haben wer uns die Hände blutig gerissen am vereisten Tau und die Rippen gebrochen? ... Für uns? ... F ü r i h n u n d e u c h d a u n d d i e L a d u n g! ... Und da sollten wer dann nich Teil haben an dem, w a s w i r g e r e t t e t h a b e n, w i r? ... D a s sag uns keiner, daß wer dem zum Schlusse gar noch Dank schulden!

Clas: Haben lange geschwiegen; lange gehalten; der rote Henning und Olaf und Pieter und die anderen haben längst gewollt; wir haben zu Treu und Ordnung gestanden. Aber kommts zu grob, spülts die stärkste Verschanzung weg. Hab Frau und Kinder.

(Henning, Lars, Jan, Deez, Pieter, Olaf und noch andere Matrosen kommen eilig die Treppe herunter)

Henning: Hier habt'r'n?

Striez (frech): Wird eben Jericht jehalten über ihn. Im Namen der Pflicht jejen Jenosse und Mitmensch und was weeß ich noch.

Henning: Gericht werde ich halten.

Paula (vordringlich keck): Na? Und wo bleibt der Schampanjer?

Pieter (in vergnügtem Staunen): Kucke! Da is ja wat! Da kann man ja übern Markt mit jahn!

Henning (vorm Kapitän): Nun, Kaptein?... Dachtet wohl, faul' Fleisch, Lake, brackig Wasser und Durst hätten uns mürbe gemacht?... Mürbe Gasten würden nimmer mucken?... Hä?... Ha!... Nu wollen wirs aber mal umkehren!... Wollen doch mal sehn, wie lange so'n wackrer alter Kapitän bei faul Fleisch, Lake, Bracke und Durst aushalten kann, eh er mürbe wird!... Daran wollen w i r uns ein Vorbild nehmen!... Aber damit wer dann auch richtig gestärkt sind, saufen wir uns erst mal satt!... Saufen wir ein Leck, bis der Schwalk im Raume nich mehr zu peilen is!... Und wenn wer gleich dran bersten!... (Immer höhnischer) Nu sollt'r aber auch mal sehn, wie redlich w i r für unsren wackern alten Kaptän sorgen! Damit Euch bei solchem Anblick nich das gute Herze bricht, dürft'r derweilen im Kielraum logieren. Da is 'n schönes warmes Quartier; könnt Euch mal bisken ausruhn von der langen Reise!... Doch gute Jungs, was?... Später dann, wenn Ihr erst wieder mal bei Kräften seid, sollt'r in frischer Luft nach Land Auslug halten. (Gemacht sachlich) Weiß nur noch nicht, ob Großbramraa oder Großroyalraa. Könnt selbst wählen. (Plötzlich in anderem Ton, schneidend hell) Denn gehißt werdet Ihr, und wenn wir drum verdammt sein sollen wie der Holländer. So. (Scharf) Und nun die Jacke runter. Wollen den guten Leuten hier mal 'n Beispiel echter alter Seemannszucht vorführen. 'N Ende Tau, das zieht so schön wie die Neunschwänzige selber. (Schärfer) Die Jacke runter!

(P a u s e)

Henning (blitzendscharf): Runter mit der Jacke!... Pieter!... Jan!... Das Tau!

Clas (breitwuchtig): Henning — das geb ich nicht zu.

Henning (hochmütig nebensächlich): Wer gibt was nich zu?... (Ungeduldig, zu den anderen) Die Jacke runter! Ran mit dem Tau!

Clas (drohend): Henning, noch mal, das geb ich nicht zu!

Henning (boshaft gedehnt): Gibst du nicht zu?... Bist du vielleicht jetzt Kapitän auf dem Schiffe?... Vorwärts! Macht!

Clas (deckt den Kapitän): Dem ersten, der ihn anrührt, schlag ich die Planken ein!... Wollt ihr uns denn aus gutem Recht in Unrecht setzen?

Jasper: Recht so, recht so, Clas. Steh zu dir.

Henning (lodernd): Was ich sage, d a s geschieht!

Clas (felsenhart): Geschieht n i c h t!

Jasper: Nicht solang ich lebe.

Henning (in bleckender Wut): Was?

Clas: Geschieht n i c h t!

Wiegand: Es ist wahr: das dürfen Sie nicht tun. Sie haben ein Recht auf Selbsthilfe; aber ein Recht auf unmenschliche Rache gibt es nicht. Die Menschenwürde darf auch im besiegten Feinde nicht verletzt werden.

Henning (in wütendem Staunen): Was redet der da von Rechten? Der Kerl is wohl doll?

Clas (gegen Wiegand, streng): Ihr mischt Euch ja nicht in unsre Sachen ein! Verstanden!

P. Heinrath: Ich muß. (Zu Henning) Freund, lieber Freund, Blut und Schmerz dieses Mannes können doch Ihren Durst unmöglich stillen!

Hylander: Für Wind und Wetter dürft ihr ihn doch wahrhaftig nicht büßen lassen!

Henning (wie ein gestörtes Raubtier, in ungeduldiger Verachtung): Ja, wer seid'r denn überhaupt? Daß ihr da dreinschwatzt?

Wiegand: Menschen sind wir —

P. Heinrath: Christen —

Wiegand: Und als Menschen können wir rohe Vergeltung unmöglich gutheißen.

P. Heinrath: Können wir solche Sünde nicht ruhig mitansehn.

Henning (zornbebend): Ihr?... Ihr?... Ihr wollt gutheißen?... Mir Vorschriften machen?... Mir?... Ein Wort noch, und ich laß euch in den Kielraum setzen, allesamt!

Clas (mit warnender Schärfe): Ihr mischt euch nicht ein, noch einmal! Das is unsre Sache!... Und du, Henning,

daß du's weißt: ich gebs nich zu!... Das geb ich nich zu! Fertig.
Niels: S'is wahr: was zuviel is, is zuviel.
Henning: Zuviel!... Nie genug!... Für das, was wir ausgestanden haben!... Den will ich sehn, der mir jetzt den Wind kneift!... (Beißendscharf) Die Jacke runter und her das Tau!
Clas (die Pistole aus dem Gürtel, vor dem Kapitän): Henning! Hand angelegt und der Schuß is draußen, in deinem Kopf!
Matrose Marten (von oben): Aufgepaßt da unten! Platz! Es kommt!
(Er und ein anderer Matrose, J ö r n, rollen ein Faß die Treppe herab; allgemeine freudige Bewegung nach dem Labsal hin)
Niels: Wolken ins Südwest bei West, hurra!
Marten: Erst 'n Troppen; der Regen kommt noch.
Lars: Was is drin?
Marten: Weiß ich? Naß wirds ja wohl sein.
Clas (erbittert): Wer hat euch das befohlen oder erlaubt?
Henning (höhnisch): Ich!
Clas (ihn messend): Du?
Marten: Ah was! Niemand! Der Holländer! Der Klabautermann! Meine Gurgel! Die is jetzt Kaptän!
Jörn: Hammer, wer einen hat! Gläser!
Niels: Halt, halt! Zwei Kisten, daß mans richtig auflegt!
Pieter: N kleineren Fisch habt'r woll nich fangen können?
Marten: Wart man. S gießt auch nich immer gleich mit Mollen.
Niels (mithebend): Ho — jupp. Da stehts.
Jörn: Hammer! Hammer!
(Gedränge um das Faß; es wird angeschlagen. Von den Auswanderern halten sich die J e s u i t e n, W i e g a n d, H e r c z y, H y l a n d e r und die Frauen — außer der frech vordrängenden P a u l a — anfangs fern, von den Matrosen Clas und J a s p e r)
Niels: Ran jetzt, ran, was Hals hat!
Henning: Her das Ende Tau! Leint ihn an inzwischen; Hört'r?

Deez: Ach, wer wird jetzt hören? Was kommandierste da immerfort rum? Tus selber! (Wirft das Tau Henning zu. Henning, mit bösem Blick, liest es auf und fesselt den Kapitän, der düster vor sich hinstarrt, an einen Treppenpfosten)

Clas (laut und ernst): Henning! Wenn jetzt alle Masten über Bord gehn: deine Schuld und nicht die meine!

Henning (in feindseligem Hohn): Willst wohl umspringen vorm Seegerichte, ha?

Deez: Solln wer denn vielleicht erst Gottesdienst halten und Psalmen singen?

Jörn (nach tiefem Schluck): Uch!... Uch!... Da räumt der Wind!

Deez (mit rauhem Basse intonierend): Sei Preis und Ehr dem höchsten Gut!

Jan: Prost, hahoi!... (Sich schüttelnd) Bäh!... Eeks!... Labberzeug!... Nischt Steiferes?

Marten (gegen die Auswanderer): Immer ran da, ihr, ran da! Wollen ehrlich teilen!

Deez (abermals intonierend): Was Gott tut, das is wohlgetan... Prost, Henning!

Niels: Prost, Kaptän Clas!

Deez: Aufgekreuzt, Henning, sonst kneifen wer dir 'n Wind!

Niels: Anlaviert, Clas, hie is de Koje!

Marten: Was wollt ihr euch denn dort schamsielen?

Lars: Ran! Ran! Wo bleiben die Mäkens?

Paula (unzüchtig): Nu? Bin ich vielleicht keins?

Pieter: Ho! Ha! Da is se ja! (Geil zugreifend) Na, de Galion, de läßt sich sehn!

Jan: Ha, da is noch ne annre; scharf gebaut wie'n Klipper.

Jörn: Ran mit, ran, immer ran!

Pieter: Hö, du, de Galion da, de is aber auch nich schlecht! Heck tadellos, beil- und bohrfest gearbeitet, richtiger Tiefgang!

Otto: Hören Se, de Dame da is eijentlich meine Braut!

Pieter: Was?... Ihre Braut is se?... Seid also gewissermaßen Kaptän auf dem Vollschiff?... Wenn wer aber heute mal gegen alle Kaptäns meutern? Hä?

Lars: Jungs, das is ja nischt, was da läuft! Nich mal ne flaue Kuhlte is das! Wollen doch mal ne steife Brise holen: nen richtgen Sturm! Wer geht mit?

Pieter (schon trunken): Was Sturm? Brauch kein Sturm! Will keinen Sturm! Will nen Hafen!... Daß wer vor Anker gehn, mein Schiff und ich!

Otto (auch schon berauscht): Hören Se, noch mal — de Dame da is meine Bra—ut!

Paula: Ä! Dreck bin ich deine Braut!

Pieter (johlend): Sehn Se! Dreck is se Ihre Braut!... Dreck biste seine Braut!... Prost!... Meine Galion is das; ja.

Lars (rufend): Jungs! Wer geht mit, Sturm holen!

Pieter: Ich nich! Ich geh nich weg von meiner Galion! Meiner Galion bleib ich treu; ja!

Striez (angeheitert): Das is überhaupt ne Rhederin! Die hat ihre Kapitäns auf der janzen Welt. Das is dem Ozean seine Braut.

Paula: Du, du sei bloß nich keß, du altes Schwein; ja?

Striez (rauschvergnügt): Altes Schwein hat se jesacht! Ludwig Striez, 'n altes Schwein hat se dir jeheißen!

Pieter (kampflustig): Wer sind denn Sie überhaupt?... Me—ensch! Wollen Se auf dem Bugspuet draußen logieren? Oder auf dem Fockmast?

Marten (Pieter hänselnd): Masten müßte die als Schiff siebenhundert haben: für alle ihre Flaggen!

Pieter (in wütender Ohnmacht des Trunkenen): Du—u!... Meine Galion sollste mir nicht beleidgen, vörstehste?... Ich laß mir meine Galion nich beleidigen!

Lars (den zunehmenden Lärm überschreiend): Jungs, hahoi! ... Jungs, wer geht mit?... Sturm holen?

Pieter: Ich nich, hab ich schon mal gesagt! Ich geh nich weg von meiner Galion!

Lars: Jan! Du hast geschimpft auf das Labberzeug!

Jan: Ich geh nich!... Ich muß meinen Klipper aufbringen, meine schmucke Brigantine! Die mir gestern Nacht nich hat wollen 's Fallreep runterlassen!

Paula (boshaft): Na, nu wird se ja woll.

Lars: Jungs, hört! Wenn 'r trinken wollt, einer muß mit!
Olaf: Na, denn!... Daß nich wieder so'n fauler Fisch da aufgebojet wird!
Clas (den beiden die Treppe verstellend, weithallend): Jungs!... Jungs! Vernunft!... Laßt genug sein für 'n ersten Durst!
Lars: Weg da, Clas, mit deinem ollen Klabautergesichte!
Niels (rauschig): Clas, sollst nich so'n Klabautergesicht schneiden!... Hörste?... Sollst leben, Clas!
Clas (redlich angestrengt): Jungs!... Jungs!... Bedenkt, daß wer auch mal ehrliche Seeleute waren!
Marten (herandrohend): Oh—o!... Waren?... Waren?... Daß dich der Corposant!... Sinds noch!... Waren?
Clas: Und wollens und müssens bleiben!... Jungs!... Not, nicht Schlechtigkeit!
Marten: Wer sagt Schlechtigkeit?
Deez: Was sagste von Schlechtigkeit?
Lars: Na, nu mach Platz da!
Marten: Wir sollen keine ehrlichen Seeleute mehr sein!... Daß dich der Corposant!... Wer sagt Schlechtigkeit?
Clas (mitten überm wachsenden Sturme auf der zweiten Treppenstaffel, fest und unerschüttert) Ich sags, damit's nich dahin kommt mit uns!... Jungs! Soll doch keiner von euch erzählen, daß ihr gemeutert habt, nur um euch vollzusaufen wie die Tiere!... Jungs!
Pieter (gröhlend): Was red't der, meine Galion?... Hast du 'n Wort von vörstanden?
Niels (mit vollem Glas vor Clas): Kommt bloß, weilste nich mittrinkst!... Da, kipps rein, da wirste bald krimpen!
Clas (das angebotene Glas unwirsch fortschiebend): So nicht, und wenn ich krepier!
Niels Oho! Mit uns trinken willste nich?... Der will nich mit uns trinken!
Jasper (neben Clas): Clas, ich steh zu dir!
Henning (giftig): Ihr wollt wohl nun auf einmal nich gemeutert haben, ihr zwei, hä?... Ausschießen?... Die wollen ausschießen!
Clas (wuchtig): Habs getan als erster und als letzter! Aber ein Kommando muß sein und eine Zucht muß bleiben!

Jasper: Recht so, Clas! Steh zu dir, Clas!
Henning: Und du willst vielleicht das Kommando führen, du?... (Zu Lars und Olaf) Holt!
Clas: Ihr bleibt!
Henning (donnernd): Holt!
Clas (noch stärker): Ihr bleibt!
Olaf: Holt?... Bleibt?... Mit uns rumkommandieren lassen wer überhaupt nich mehr!... Was wir wollen, das tun wer, und holen, weil wer wollen!... Platz!
Clas (die Pistole des Kapitäns vorgestreckt): Zurück!
Lars: Was?
(Die Pistole wird Clas aus der Hand geschlagen, er und Jasper werden beiseite gestoßen, Lars und Olaf poltern die Treppe hinauf, Henning nimmt die fortgeschleuderte Pistole an sich)
Clas (erstickt): Henning! Das kommt über dich!
Henning: Meintwegen!
Clas: Über dich kommts!
Henning: Und über dich is schon gekommen!
Marten: Ach was! Über uns alle!
Jörn: Schiff läßt sich erst steuern, wenns richtgen Tiefgang hat.
Deez: Dadrum auch betonnen wir uns, daß bloß noch die Reeling rauskuckt.
Jörn: Kaptän Henning, ich steh zu di—ir.
Henning: Gebt her mal! (Er nimmt ein volles Glas und pflanzt sich damit vor den Kapitän hin) Euer Wohl, Kaptein!... Besinnt Ihr Euch noch auf Christiane Johannsen? Großbram oder die Pistole da; dürft wählen.
Marten: Wa—as redtste da?
Henning: Von nem hübschen Mädel, blond und blau. War'n wackeren Jungen seine Braut, ward nem Hundsfott von Kaptän seine Geliebte, ward in der Not dem ganzen Hafen sein Schatz, is in der Gosse gestorben. Christiane Johannsen; Euer Wohl, Kaptän.
Marten (rauschig aber entschlossen vor Henning hingepflanzt): Du—u, Henning! Will dir was sagen!... Wo da eigne Rechnungen sind, damit haben wir hier nichts zu tun!

Niels: Das mach du auf dem Walle ab!...

Marten: Ja—a—wohl!... Das mach du man auf dem Walle ab — —

Jörn (sich heranmengend): Henning, ich steh zu dir!... Da steh ich zu dir — —

(Schlag auf Schlag in immer wilderem Tempo, einander überbrüllend und unterbrechend)

Marten: Das mach du man auf dem Lande ab!...

Niels: Wennste noch dazukommst — —

Marten: Damit wollen wir nichts zu schaffen haben — —

Jörn (rauflustig): Henning, steh zu dir!!... Recht haste, Henning, recht — —

Deez: Ja—a — — da sin wer alle für einen!...

Jörn: Alle für einen, ja—a—wohl!... Und wenn der — wenn der dir 'n Wind gekniffen hat — —

Deez: Da sind wer ein — ein einziger Matrose sind wer da — gegen alle Kapitäns zusammen — —

Jörn: Alle sind wer für einen!... Henning, ich halt zu dir!

Niels: Dreck haltste zu wem — —

Jörn: Wa—as?... Wa—as?... Du—u!...

Niels: Dreck haltste zu wem!... Wir alle haben gemeutert, alle für alle! Uns allen gehört der Kaptän, und sonst niemand anners — —

Henning: Hätts auf dem Walle abgemacht, im Hafen. Die geladne Pistole, so eine, liegt in meiner Kiste seit zwölf Jahren — —

Deez: Rechte haste, Henning, recht!

Henning: Haben uns zwölf Jahr nich finden können, wir beide, haben uns weiß der Deibel wie oft gekreuzt auf hoher See und nich begegnet. Hab mich darum anheuern lassen auf dies Schiff. Und jetzt halt ich mein Gericht und zahl heim — —

(Immerzu heftiger)

Jörn: Recht haste, Henning, recht haste — —
Henning: — und frag keinen — —
Marten: Wa—as?... Da wirste fragen, du—u!... Ha—ast du alleine gemeutert, hä—ä?... Oder wir alle, hä—ä?... Und hättste können alleine meutern, hä—ä?...

Niels: Uns allen gehört der Kaptän — — —
Marten: Uns allen, und niemand anners — —
Henning: Was?... Das wollen wer gleich mal sehn —
(Er schlägt die Pistole gegen den Kapitän an, aber die Waffe wird ihm von Marten aus der Hand geprellt, Niels hebt sie auf und nimmt sie an sich)
Marten (Henning festhaltend): Hoho!... Ha! ... Das wollen — — das werden wir sehn — —
Henning (wütend in Martens Griff): Laß los! ... Los laßte!...
Marten: Das werden wir sehn, ob du auf unsre Rechnung — —
Henning: Los laßte!... Die Pistole zurück!
Marten: Denk nich dran!
Niels: Gute Prise; denk auch nich dran!
Jörn (halbtrunken an Marten zerrend): Wirste du gleich — —
Niels (seinerseits Jörn anfallend): Dreck, ja, wird er gleich — — du wirst gleich — —
Clas (herangesprungen): Ja, Jungs, seid ihr — — (Er trennt Niels und Jörn mit gewaltigem Ruck)
Henning (von Marten losgerissen, gegen Clas): Du bist schuld an allem!
Clas: Ich?... Du!... (Niels und Jörn mühsam auseinanderhaltend): Jungs, Herrgott, so!... Du, ja, Henning!
Henning: Du!... Du hast den ersten Streit hereingebracht in die gemeinsame Sache!

(Immerzu heftiger)

Niels (wütend): Was haltste mich da fest? ... Was haste für 'n Recht —

Clas: Du hast sie auf den Wein losgelassen, nicht ich!

Henning: Da hört'r's! ... Er vergönnt euch den Wein nicht! ...

Deez: Ja—a—wohl! ... Er gönnt uns den Wein nich — —

Marten: Is das wahr? ... Daßte den Wein uns nich willst gönnen? ...

Deez: Und die Weiber!

Marten: Und die Weiber?

Deez: Will alles für sich alleine behalten!

(Immerzu wilder)

Niels: Und ihr hättet ohne uns überhaupt nischt gekriegt! ... Gar nischt hättet'r gekriegt ohne uns! ... Wenn nich w i r hätten wollen — —

Jörn: So hätt'n wer euch einfach in Kielraum gesetzt — —

Niels: Ja, Dreck hättet'r!

Jörn: In Kielraum hätt'n wer euch gesetzt; zu de Ratten!

Niels: Dreck hättet'r! ... Schiet hättet'r!

Jörn: Zu de Ratten in Kielraum hätt'n wer euch gesetzt — ja—a—wohl!

Niels: Schiet hättet'r! ... Gar nischt hättet'r! ... Gar nischt hättet'r ohne uns!

Martens: Ob das wahr is, daßte Wein und Weiber willst für dich alleine behalten, sollste sagen! ... Wahrheit sollste sagen! ...

Deez: Alles für alle! ... Alles für alle!

Pieters (johlend): Nur meine Galion für mich allein!

Clas: Ja, Jungs! ... Daß euch alle der Corposánt! ... Hat euch dem das verfluchtige Gesöff den Brägen davongespült?

Deez: Verfluchtiges Gesöff! ... Weil wirs nich haben sollen!

95

(Immerzu wilder)

Jörn: Alles für alle!
Niels: Und ohne uns gar nischt!
Clas: Jungs, so, Herrgott —!... Wenn uns 'n Schiff aufpickt und find't euch voll bis an de Zähne...!
Deez: Schiet!... Dem husten wer was!
Marten: De Wahrheit sollste sagen!... Haste deswegen mitgetan?
Niels (plötzlich wütend gegen Clas, der ihn noch immer festhält, im Losreißen): Was haste mich denn da festzuhalten?... Was haste schon für'n Recht?... Dreck steh ich zu dir!... Kannst mich —!
(Die Harmonika beginnt aufzuspielen)
Ruf: So recht, Musicke!... Tanz!... Ran, ran, was da Röcke hat!
Anderer Ruf: Und was darunter!
Stimme: Schottschen Riel spiel!... Der is fein!... Da kriegt man was zu sehn!...
Andere Stimme: Hornpiep!... Hornpiep!
(Zunehmendes Drängen und Johlen)
Pieters Stimme: Hand weg von meiner Galion!... Hand weg, sag ich!

(sempre crescendo und accelerando)

Andere Stimme: Ach wat!... Glaubste, du bist alleine auf der Welt?
Andere Stimme: Alles für alle!... Wein und Weiber!
Herczys Stimme (löwenstark im Gewühl und Lärm): Geben Sie das Mädchen frei, augenblicklich!
Jans Stimme: Eijaha!... Ich und loslassen, was ich mal aufgebracht!
Paulas Stimme (schrill und schadenfroh): Nur los, nur zu!... Die kommt sich besser vor als unsereins!
Herczys Stimme: Mensch!
Jans Stimme: Was willste denn eigentlich?
(Marten und Jörn, vom Geschrei angelockt, stürzen sich ins Gedränge, pflügen eine Gasse,

(sempre crescendo und accelerando) und in dieser zeigen sich Jan und Herczy im Kampfe um Renate — Jan schleudert Herczy soeben von sich ab, während er im anderen Arm Renate festhält)

Jan: Haste nu endlich genug?... Hier gibts keine Extratouren!

Paula: Und die war auch keine Extratouren gewohnt!

Wiegands Stimme (auf der anderen Seite des Trubels, überschnappend): Bestien!... Sie ist meine Braut!

Jasper (mit geballten Fäusten sich in den Aufruhr werfend): Das is zuviel!

Rufe (durch-, mit- und nebeneinander): Braut, ha!... Sowas gibts auf dem Lande!... Auf See gibts keine Bräute!... Jede jedem seine Braut!... Alles für Alle!... Sauf da, Landratte, tröste dich!... Setzmer sie unters Wasser, wenn se mucken!

Jasper (hineindonnernd): Seht'r denn nicht, das Mädel is blind!

Rufe: Sonst aber fehlt'r nischt!... Noch besser, merkt se 'n Unterschied nich!... Wollen auch die Augen zumachen!...

Jasper: Seid'r denn noch Seeleute oder losgelassene Affen?... Das Mädel da hat uns blind das offne Geld hingehalten!...

Rufe: Kann se uns auch was andres blind hinhalten!... Was mischte dich da rein?... Alles für Alle!

P. Janssens Stimme (mächtig im Sturm): Seid ihr denn noch Menschen?... Kennt ihr noch einen Gott?

Rufe: Kannst mich mit deinem Gott!... Das da is unser Gott!... Das wollen wer eben zeigen, daß wer Menschen sind!... Da, sauf, schwarzer Pfaffe, sauf!... Prellt'n, prellt'n!... Was prellen? Über Bord mit ihm!

(sempre crescendo und accelerando) **Stimme der Rumpfen** (scharf durchdringend): Ihr!... Von dem Mädel laßts die schmutzigen Finger!... Rat ich euch!... Das bringt euch euer Lebtag kein Glück nit!
Rufe: Was will denn de Tante da?... Das is ja fürn Holländer ne Braut!
Paulas Stimme (gehässig schrill): Werd't euch doch nich fürchten vor ner ollen Trulle?... Vor ner Hebamme?
Stimme der Rumpfen: Wenn vor mir nit, aber vorm lieben Gott!
(Brausendes Hohngelächter)
Paulas Stimme: Gesindel hat uns die geschimpft!... Uns und euch!
Rufe: Mit der Hexe über Bord!... Mit den Pfaffen auch!... Gehört zusamm'...!
Olaf (auf der Höhe der Treppe, zuerst übertäubt vom Geschrei der Tiefe, alle Zeichen furchtbarer Angst in Gesicht und Gebärde — er bildet ein Sprachrohr aus zusammengehöhlten Händen und heult in den Tumult hinein): Es brennt!... Clas! Henning!... Es brennt!... Feuer im Schiff!... Feuer!
Rufe (dazwischen, einander vermengend): Über Bord mit Hexen und Pfaffen!... Über Bord mit allem, was nich pariert!... Über Bord mit denen ihrem Gott!... Uns bekümmert kein Gott nich!... Wer brauchen ken Gott nich!... Hier sind wer unser eigener Gott!...

Olaf (schreckensbleich, auf halber Treppenhöhe): Feuer im Schiff!... Feuer!... Feuer!... Es brennt!
Lars (hinter ihm, atemlos): Es brennt!... Feuer!... Feuer!
Clas (wie ein Donnerschlag): Hört ihr, Feuer!... Feuer im Schiff!... Jungs, Feuer, Feuer!
Lars und **Olaf** (mitbrüllend): Feuer im Raum!... Feuer im Raum!! — — — Es brennt!

Jasper: Hört'r nich?... Feuer!... Es brennt!
Niels: Hört!... Feuer! Es soll brennen!
(Der Stimmensturm flaut etwas ab)
Ein Baß: J ja woll!... In'r Kambüse!
Eine andere Stimme: Dadrauf fallen wer nich rein.
Olaf (entsetzt, gesträubt): So, Herrgott, macht, macht!... Lichterloh brennts — —
Lars: Kamen mit'm Licht über 'n Faß, ne Flamme, so lang — —
Olaf: — — uns mitten ins Gesicht!
Marten (nüchtern, schreckensstarr in die Stille hinein): Olaf, du, mach ken schlechten Spaß!
Lars: Ernst, Jungs, Ernst —
Olaf: Das Feuer heult nur so raus aus dem Fasse!
Marten: Ja, habt'r denn nich gleich gelöscht?
Olaf: Deubel — löschen das!
Kapitän (der schon auf die erste Kunde vom Feuer hin wie mit dem Erstickungstode gerungen, die Augen vorquellend, plötzlich in einen ungeheuren Schrei ausbrechend): Das Pulver!... Das Schießpulver!
(Starre Pause)
Clas (plötzlich aufdonnernd): Über Bord damit, über Bord!... Alle Mann an die Fässer!
Olaf: Wo soll das Pulver verstaut sein?
Kapitän: Dahinter!... Gleich dahinter!
Olaf: Die Fässer mit den roten Reifen?
Kapiän: Schießpulver!... Alles Schießpulver!
Olaf (entsetzt): Die mit den roten Reifen — das ist Schießpulver?
Kapitän: Schießpulver!... Alles Schießpulver!... Fünfhundert Faß!... Und die mit den blauen Reifen: Öl!
Olaf (verzweifelt): Wir sind verloren!... Da is nich mehr ranzukommen!... Alles voll Feuer!
(Plötzliches furchtbares Auffluten gegen die Treppe)
Henning: An die Boote!... An die Boote!... (Er schlägt sich brutal Bahn und stürmt hinan, gefolgt von mehreren anderen)
Ruf: Schiffswand durchschlagen!... Schiffswand durchschlagen!

Clas (wehrlos im ſtauenden Strom): An die Pumpen!... Pumpen!

Rufe: Was Pumpen?... An die Boote!... An die Boote (Paniſcher Andrang gegen die Treppe; die einzelnen Schreie ſchießen grell aus dem entſetzlichen Tumult auf)

Pieter (ſchleudert die ſich anfrallende, ſchreiende Paula von ſich ab): Wirſte loslaſſen, Aas!

Wiegands Stimme: Thekla!... Thekla!... Zu mir!

Bierling (erbricht in wahnſinniger Haſt ſeine Kiſte): Mein Perpetuum!... Mein Perpetuum!

Olafs Stimme (von oben): Kann keiner mehr dazu!... Eine Hölle!

Bierling: Mein Perpetuum rettets, mein Perpetuum! (Lichtel hat ſein Kreuz an ſich geriſſen, Heß hilft Hylander, der ſich mit einer Kiſte abmüht, Deckert und Kretzſchmer, Poſtel und Peſchke, Benda, alle kämpfen ſich in furchtbarer Angſt gegen die Treppe, von den anderen immer wieder in verzweifelter Wut zurückgeſtaucht)

Clas (hoch im Gewühl auf der Treppe): Ruhig Blut, Jungs! Ruhig Blut!

Rufe: Was ruhig Blut!... Leben!... Leben!... An die Boote!

Paula: Otto!... Otto!

Otto: Ach, kuſch, Hure verdammte!

Paula: Otto!... Nimm mich mit! Nimm mich mit!

Wiegand (Thekla an ſich reißend): Ich bins, Herz, ich!

Niels (noch unten im Kampf um die Treppe; Paula hat ſich an ihn gekrallt, er ſchlägt ſie zurück): Kanallje elende!... (Stößt die wieder ſich anheftende mit Fußtritt fort) Luder!... Jeder für ſich!... (Da ſie ſich nochmals an ihn klammert, ſchmettert er ſie zum dritten Male fort, zückt die Piſtole des Kapitäns und ſchießt ihr die Kugel vor den Kopf) Aasſticke!... Gibſte nu mal Ruhe?...

Renatens Stimme: Mutter Karline!... Mutter Karline!

Rufe (oben): Zurück!... Bleibt ihr zum Deibel wo ihr ſeid!... Euch brauchen wer nich!... Jeder für ſich! (Wiegand, die ohnmächtige Thekla im Arm, Benda, die beiden Weber, Striez, Otto, Willem, Peſchke, der beſonnene Heß mit Hylander, Bierling, Lichtel, alle den Matroſen nachdrängend, werden abermals zurückge-

ſtaucht; die heulende Menſchenſäule ſchiebt ſich mehrmals auf
der Treppe auf und nieder)
Jaſper (Wiegand, behilflich): Wie Beſtien!... Laſſen Se
mich vor!... Warten Se...
(Er teilt ſich langſam, aber mit eherner Kraft eine Gaſſe, alle
zwängen unter wirrem Geſchrei hinan, unten wird endlich
Raum, und es bleiben: die Rumpfen, in die Knie geſunken,
das Antlitz mit den Händen bedeckend, der alte G e i ſ t, das
Kinn auf die überm Stock verſchränkten Hände geſtützt, die
beiden J e ſ u i t e n, der angefeſſelte K a p i t ä n und H e r c z y,
der die ſich ſträubende R e n a t e vergebens von der K u m p f e n
loszureißen ſucht)
Stimme von oben: Der Henning is ſchon an den Booten!
... Verrat!
(Die Menſchenſäule würgt ſich endlich hinauf; im Keuchen und
Toben noch vereinzelte Schreie)
Jaſper (oben): An mir feſtgehalten!...
Renate: Mutter Karline!... Mutter! Mutter! Schnell!
Die Rumpfen: Laßts mich!.. Laßts mich!
Renate: Mutter, kommen Sie!... Um Gotteswillen,
kommen Sie!
Die Rumpfen: Laßt's, laßt's mich!... Rettet's euch, ſeid's
jung!... Laßt's mich, wo ich bin!
Herczy: Renate! Wir ſind verloren!
Renate: Fliehen Sie! Ich bleibe.
Die Rumpfen: Nein, nein, nein, ſchnell, ſchnell, ſolang's
Zeit is!... Packen Sie's, halten Sie's, rett's euch, Kin=
der, rett's euch!... Und wenn ihr wo im Leben dem
Ignaz Kumpf begegnets: ich hätt ihm verziehn!
Renate: Die alte Frau! Retten Sie die alte Frau!
Die Rumpfen: Nein, nein! Nit mich!... Packen Sie's,
tragen Sie's hinauf, ſchnell, ſchnell, ſchnell ——
Herczy (hat mit wütendem Entſchluß R e n a t e aufgeriſſen und
keucht mit ihr die Treppe hinan): Renate!
Renate (in ſeinen Armen ſich windend): Mutter!... Mutter!
P. Janſſen (hat den K a p i t ä n losgebunden): Folgen Sie!...
Kommando kann vielleicht noch retten!
Kapitän (finſter, wie ausgebrannt): Hier gilt kein Kommando
mehr. Ich bleibe.
Stimme Renates (von oben verhallend): Mutter!... Mutter!

Die Rumpfen (auf den Knien, die Hände vorm Gesicht): Herr und Heiland, sei meiner armen Seel gnädig!

P. Heinrath (der in voller Ruhe ein kleines Ciborium aus der Brustfalte seiner Kutte hervorgeholt, das heilige Gefäß in der Linken, mit der Rechten die alte Frau segnend): Absolvo te a peccatis tuis — in nomine Patris et Filii et Spiritus Sancti — Amen.

(Während die R u m p f e n sich bekreuzt, fällt langsam der
V o r h a n g)

Dritter Akt

Floß.

Düsterschimmerndes Meer. — Der rote Drittelmond im Sinken. Umrisse. — Stimmen. — Die Gespräche oft ohne Zusammenhang. Schwere Pausen.

Herczy: Ob es Land war, was wir gestern abend da gesichtet?
Wiegand: Erschien und löste sich auf in glühender Ferne.
Renate: Von hohem Auslug hätte mans erkannt.
Wiegand: Ja, Höhe, wo?... Ausblick, wo?... Uferlose Ewigkeit.
Herczy: Kein Mast mehr, kein Segel, keine Flagge. Und an dem, was da noch Steuer heißt, diese mörderischen Bestien.
(Es wird vorne auf dem Flosse Feuer geschlagen; schwarze Gestalten werden vom roten Blitze flüchtig erhellt)
Renate: Still, seid still. Sie sind wach.
Herczy: Sollen sie's hören und mich ins Wasser werfen wie die anderen. Leben und Qual zu Ende.

Wiegand: War vielleicht nur ein Phantom.
Herczy: Letzte Vision.
Wiegand: Versinkendes Land. Spiegelung.
Herczy: Aus innen.

Hylander: Könnte Land gewesen sein.
Herczy: Nicht mehr hoffen. Nicht mehr täuschen. Kann nicht mehr.
Wiegand: Vielleicht nur ein Riff.
Hylander: Manchmal ist auch Riff schon Land.
Wiegand: Ein vorüberfahrendes glückliches Schiff.
Lichtel: Schütz Gott, schütz Gott ihm seine Reise.

Peschle: Gibt's nit ein Kirchengebet für die Schiffer auf dem Meere? Mir scheint.
Lichtel: Am heiligen Karfreitag: Lasset uns beten zu Gott dem allmächtigen Vater, daß er die Welt von allen Irrtümern reinigt, den Pilgern Heimkehr und den Seefahrern den Hafen des Heils gewährt.

Peſchle: Das is es ſchon, ja, das is!
Renate: Gott, mein Gott, wann hab ich das zum letztenmal gehört!
Peſchle: Und ich erſt, ich, ich!
Hylander: Ja, das hat unſre gute alte Hanny uns immer vorgeleſen. Karfreitag; da war ſchon ein heimlicher Geruch nach Kuchen durchs ganze Haus.
Renate: Heimat, Heimat!
Peſchle: Uns die Mutter. Wie Sie mich da kennen, ich war einmal ein beſſerer Menſch. Ja, Heimat.

Wiegand: Hafen des Heils — wo?
Lichtel: Pilger.
Herczy: Seefahrer. Seefahrer.
Hylander: Wir alle unter den Sternen.
Vierling: Hab mir Ihnen das wie oft! gedacht bei meinen Uhren.
Hylander: Ich bei meinen Sternen.
Vierling: Zwiſchen zwei Ewigkeiten in der Mitten die kleine Sekunde, die man reguliert, die arme zitternde Unruh, das Leben.
Benda: Leben, was Menſch ſich ſo ſchwer macht. Jo, Sekunde.
Hylander: Die Sanduhr.
Herczy: Wirbel zwiſchen zwei Abgründen.
Hylander: Leben: Ewigkeit im engen Schlunde der Zeit. Der Durchgang. Scheinbar. In Wahrheit: die Ewigkeit ſelbſt.
Benda: Wie hate armes Viech ſo viel beſſer auf Welt! ... Denkte ſich nit ſo viel, leidte ſich nit ſo viel.
Hylander: Der Menſch hofft.
Herczy: Und verzweifelt.

Wiegand: Wenn ſie erwacht: ſagt, wir hätten Land vor uns.
Hylander: Iſt immer Wahrheit.
Herczy: Ohnmächtige meiſt.
Renate: Fiebert ſie?

Wiegand: Ihr Atem geht ruhig. Aber der Puls ist matt.
Bierling: Och, könnt man so hinüberschlafen, ja.

Peschke: Dem Harmonikaspieler habens mit so einem Ruder den Schädel eingeschlagen.
Benda: Wiener armen, wie sich hate wollen anhalten: Finger weg.
Heß: Einen von den Webern hab ich selbst ertrinken sehn. Den Antichristen. Kam noch einmal herauf, der Kopf ganz blutig.
Herczy: Und Branntweinfässer haben sie gerettet.
Hylander: Mit denselben Bootshaken.
Wiegand: Schwanken schwimmenden Boden, den Abgrund des Ozeans unter den Füßen —
Herczy: Retten sie Branntweinfässer, stoßen sie Versinkende, Ringende in den Tod hinab. Ja.
Wiegand: Und wollen Menschen sein.
Renate: Bruno: das ist der Mensch. Jeder für sich. Hast du's nicht gehört?
Herczy: Jeder gegen jeden. Das ist der M e n s c h.

Hylander: Wir selber hätten ja auch nicht drei Planken zusammengebracht — keine Rede.
Herczy: Sind deswegen nicht Gerettete. Die dort haben die Gewalt. Was wollen w i r?
Heß: Wenn die anderen, warum haben sie nicht uns —?
Renate: Ruder. Euch können sie zur Not noch gebrauchen.
Peschke (schaudernd): Noch? Und dann?
Renate: Sag's euch ehrlich: gefaßt müssen wir auf alles sein.
Herczy: Bin's längst. Habe hinuntergesehen in den Abgrund.
Hylander: Bin's auch. Habe hinaufgeblickt zu den Sternen.
Benda: Wär man, wär man zuhausgeblieben in Elend, was man gehabt hat! Kje domov muj!
Lichtel: Vergib uns unsere Schulden, wie auch wir vergeben unseren Schuldigern.

Renate: Auf einem Floß wie diesem war's. Da haben Matrosen und Passagiere einander mit langen Messern abgeschlachtet. Im Dunkel; Nacht für Nacht. Wahnsinnige blieben übrig.

Herczy: So, ja. Erst uns, dann einander, bis das Werk vollbracht ist. So wird Weltgeschichte. Die Geschichte einer ewigen Blutrache.

Hylander: Wie hieß jenes Schiff?

Renate: Medusa.

Hylander: Ich habe davon gehört oder gelesen. Medusa.

Wiegand: Medusa, die Natternumzüngelte. Deren Blick versteint.

Herczy: Das Leben.

Hylander: Wer ihr abgewandten Gesichtes naht, kann das Schreckenshaupt vom Rumpfe schlagen und in seinen Schild setzen. Dieser Sohn eines Gottes findet die arme Königstochter auf ihrem Eiland und befreit sie vom Drachenfisch.

Herczy: Befreien? ... Was heißt: befreien? ... Wer kann befreien?

Hylander: Der Abgewandte. Denn er selbst ist frei.

Herczy (grimmiges Lachen in der Stimme): Wir Schwärmer auf den Barrikaden, blutend in Rauch und Flammen! Vor uns die abgerichtete Furie mit ihren Kanonen und Bayonetten, hinter uns die wilde mit blutunterlaufenen Augen und Geierkrallen! Aus Höhlen kam das heraufgekrochen; heraufgequollen. Aus Kloaken und versunkenen Kellern. Geschöpfe, die früher nicht dagewesen waren. Lauter Medusen, tausende. Kaltes Grauen, fahle Morgendämmerung. — Wiegand, du hättest dein Buch nicht geschrieben.

Wiegand: Herczy! ... Vergib!

Herczy: Red nicht so dumm. Längst vergessen, alles. Waren beide gereizt von Not und Enge. Und du hast nicht wie ich Erinnerungen — —

Wiegand: Nichts als reines Vertrauen war in mir. Zur Sache. Zum Menschen und seinem Recht.

Herczy (für sich fortsetzend): — — hast eben nicht jene Gespenster des Morgengrauen gesehen. Sterbende. Geschändete. Zweifel. Reue.

Wiegand (gleichfalls für sich fortsetzend): Nichts als reines Vertrauen. Guter Wille. Ehrliche Überzeugung.

Herczy: Wir sehen die eine große Wahrheit, vergessen die eine ewige Wirklichkeit. Vergessen, daß Gott und Mensch seit dem Paradiese zweierlei sind.

Wiegand: Dachte auch hier an Menschen. An M e n s c h e n.

Herczy: Menschen, Menschen! Hier hast du gleich Menschen! Dachtest an sie? An solche? An d i c h!

Hylander: Erde, Weltall, der alte Fehler. Tropfen und Ozean.

Wiegand: Herczy — hast auch du dich für diese Menschen geschlagen.

Herczy: Hab ich? Ja? Wie mancher schon für eine schlechte Dirne. Üble Dirne, aber doch Weib, dem man zu Schutz verpflichtet ist. — Und das man töricht liebt, Wiegand. Deine erste Liebe, diese Dirne, meine letzte. Betrogen beide. Gute Nacht.

Wiegand: Verteidigt auch der Mann sein Vaterland, und denkt nicht ans Gesindel, das er mit seinem Leibe deckt.

Hylander: Idee, Ideal. Ewige Sehnsucht. Wir stillen Rechner: — messen die Sekunden der Ewigkeit, zählen die Atome der Unzählbarkeit, und wissen selbst nicht wozu. — Zu jener höheren Ehre Gottes vielleicht.

Herczy (bitter abrechnend): Idee vom Leben, Ideal? Fraß und Zeugung! Sie haben recht. Kampf der Bäuche um Fraß und Zeugung, das ist das Leben. Das ist eben die Wirklichkeit. Bäuche sind Majorität, Majorität ist Bauch. Und im übrigen: jeder für sich.

Wiegand: Trostlos.

Herczy: Erkenntnis immer.

Wiegand: So sprach jener Zweifler.

Herczy: Er wußte. Ich verstand ihn. Ich k a n n t e ihn.

Wiegand: Bist nun auch so weit gekommen.
Herczy: Wie jeder.
Renate: Wir Frauen zuerst. Verderben dran — oder verschweigen und verzeihen.
Hylander: Um neuer Menschen willen.
Herczy: Die um nichts besser sind. Weil sie nicht besser sein k ö n n e n.

Lichtel: Kommt alles von dem, daß die Menschen an nix mehr glauben tun.
Heß: Eine Ordnung, eine Ordnung muß sein. Ganz einfach.
Lichtel: Täten nur alle beten und arbeiten, wär schon Ordnung.
Heß: Hab gebetet, hab gearbeitet, von beidem genug. Hat's mir was g'holfen?
Lichtel: Weil's eben nit alle tun. Darum.
Herczy: Weil jeder für s e i n e n Bauch betet und arbeitet.
Lichtel: Und das heißt bei mir nit beten und arbeiten. Möcht ein jeder mit seiner Arbeit auch dem anderen helfen wollen und an ihn denken, wärs gleich besser.
Heß: Wenn Ordnung ist. Einer allein kann nichts.
Bierling: Wie inwendig in einer Uhr halt. Eine Feder muß sein, Zeiger müssen sein, Ziffern müssen sein — aber eine Hemmung auch. Sonst laufen die Zeiger wie wahnsinnig, halten keine Zeit und Einteilung und das Ganze is für die Katz.
Hylander: Da oben haben wir das große Vorbild, das unsere Zeit bestimmt. Kraft, Hemmung, Umlauf, alles. Wie wenige, die es sehen!
Bierling: Die Hemmung, ja, die Hemmung, die is überhaupt das wichtigste am Werk. Wo die nit richtig in die Räder greift, da gibts kein Regulieren.
Hylander: Und die Hemmung sitzt am Pendel, und den Pendel treibt das Werk, und das Werk die Kraft, Feder oder Last.
Bierling: Stimmen, ja, muß es freilich. Sonst is Eisen für den Schmied, kann jedes Rad für sich noch so fein ausgearbeitet sein.

Herczy: Und wer da bessert und reguliert, der vergesse nicht, welche Kraft in der gespannten Feder wacht. Nicht der Verstand von zehn Köpfen, nicht die Liebe von hundert reinen Herzen, sondern die unzüchtigen Instinkte von hunderttausend wüsten Bäuchen. Denn der Mensch ist aus Bauch gemacht, der Bauch frißt, der Bauch pflanzt sich fort, vom Bauche aus ist jeder für sich und jeder gegen jeden. Daran hangen das ganze Gesetz und alle Propheten.
Lichtel: Von der Erbsünd hätt uns der Herr Jesus in seiner Gnad befreit.
Herczy: Und ist dafür gekreuzigt worden wie so viele nach ihm. Und sogar sein Kreuz und Wort sind eingegangen in den Kampf der Bäuche um Fraß und Zeugung. Und andere werden in gutem Glauben dieselbe Botschaft verkünden und denselben Schiffbruch erleiden und untergehn. Wir — wir sind ja erlöst.

Peschke (gedrückt): Sagens — Sie glauben wirklich, es wär da Land wo in der Näh?
Hylander: Ich habe es im Gefühl. Schließe darauf aus bestimmten Zeichen. Vielleicht nur eine Insel; ich weiß nicht.
Peschke: Um Christi willen, warum tun denn dann die nit drauflosrudern?
Renate: Weil sie unter sich nicht einig sind.
Herczy: Der alte Fluch. Gemeinsam reißt man ein, aber um die Trümmer entspinnt sich Hader.
Renate: In einem Hafen werden sie schwerlich landen wollen.
Herczy: Immer dasselbe. Furcht vor dem Festlande, lieber unsicheres Meer.
Heß: Haben sich ja schon um die Branntweinfässer gezankt.
Bierling: Och, gebetens einem wenigstens was davon, statt daß sie sich streiten.
Heß: Der eine, das weiß ich bestimmt, hält zu uns.
Renate: Säßen sonst auch schwerlich hier.
Herczy: Aber wie lange?

Benda: Mond, wie ife rot.

Wiegand: Renate, erinnerst du dich? In unserer Pfarrkirche, da war ein Bild der Muttergottes als Patronin der Schiffer.

Renate: Links auf einem Seitenaltar, neben dem Beichtstuhl.

Wiegand: Sieh dorthin! ... Auf einer großen Mondsichel ist sie gestanden, in Wolken über dem Meere.

Renate: Hab ihr oft meine kleinen Blumen aufgestellt, in einem Krüglein aus rotem Glas. Zu ihr gebetet vor der Beichte, meine Buße verrichtet zu ihren Füßen.

Wiegand: Die Wellen waren grün mit krausen Schaumkämmen, dahinter schwere Wolken und ein schräges Schiff. Columbus, Vasco da Gama, Magellan — was für eine Welt! Große Entdeckungen, Schatzinseln, Abenteuer, Sturm, Gefahr.

Renate: Ja, was hat man noch gewußt vom Leben? Vom Ozean?

Hylander: Einer fährt aus und findet unverhofft ein neues Reich im Wege. Einer sucht neue Wege, umsegelt die runde Welt und landet im alten Mutterhafen.

Herczy: Oder wird unterwegs von Wilden erschlagen.

Peschke: Einmal noch in der Kirche sein. Orgelmusik, das vielfärbige Licht. Sonntag und Friede. Heimat.

Vierling: Auf unserer Orgel, weiß es noch heut, hab mich schon damals um solche Sachen bekümmert — da war Ihnen ein Register, das hat geheißen: unda maris. So is die Stimm drin auf- und niedergangen wie Wasser im Wind.

Renate: Wie das Menschenleben.

Hylander: Unsere fromme alte Hanny hat uns am Sonnabend immer das Evangelium vorgelesen. Seh noch das großgedruckte Buch; es hat einen besonderen Geruch nach Kasten und Lavendel und Sonntag gehabt. Von der Speisung der Fünftausend: da haben draußen schon die Primeln geblüht, der Duft frischer Gartenerde in der Dämmerung, allgegenwärtig wie ein Geheimnis, man war so müd von der dunklen weichen Luft, der Sirius ist schon früh über den blassen Krokuswiesen gestanden... Vom Fürsten dieser Welt und vom Geiste der Wahrheit: da war's schon warm, Rosen, die ersten Gewitter über den Bergen... Vom Zinsgroschen: da war Sturm und Laubfall, das letzte Kraut auf den Feldern, gebratene Äpfel auf dem Ofen... Vom reichen Jüngling; vom verlorenen Sohn; vom Jüngsten Gericht...

Lichtel: Himmel und Erde werden vergehn; aber meine Worte werden nicht vergehn.

Wiegand: Das Gleichnis vom verlorenen Sohn hat mir die Mutter erzählt, wie ich einmal als ganz kleiner Griffel= matz hinter die Schule gegangen war... Diese Be= freiung nach überstandener Angst und Strafe! Eine neue Welt.

Herczy (schwermütig): Keine Mutter hat mich das Evangelium gelehrt. Die Frau, aus der ich geboren bin, war eine große Sünderin. Haß und Ekel, was ich am frühesten kannte. Aufgewachsen im Armenhause; dann an Almosen hinaufstudiert; in Wissen und Lernen Befreiung gefunden, eine Heimat. Wollte auch andere aus dem Armenhause befreien. Und kehre zu Haß und Ekel zurück.

Peschle: Wie geht schon die alte Geschichte? Da war ein Sohn, von dem hat die Geliebte das Herz der Mutter für ihren Hund verlangt. Und wie er's noch blutiger dem Hund hinträgt, stolpert er über einen Stein. Da schlagt das Mutterherz in seiner Hand und fragt er= schrocken: Armes Kind, hast dir weh getan?

Wiegand: Nun sitzt sie daheim, die alte Frau, und weint sich die treuen Augen rot. — Alles um Freiheit und Menschheit.

Renate: Die meine ruht längst unterm Kreuz in Frieden. — Da war ein Kind, das zertrat ihr das Herz in der Brust. Und da ist ein anderes Kind in der Heimat bei fremden Menschen, das wird seine Mutter nicht wiedersehn.

Wiegand (verloschen): Renate, wenn du es vielleicht über=
lebst und kehrst heim und gehst zu Allerheiligen aufs
Grab: geh auch zu meiner alten Mutter, kennst sie ja,
wirst sie finden in der Stube mit den Rosentapeten, im
Fenster nach Garten und Fluß hinaus, wie immer, den
Stapel Wäsche vor sich, die Hornbrille vor den lieben
guten Augen ... (Mühsam) Geh zu ihr und sag ihr, mein
letzter Gruß wär Bitte um Verzeihung, für alles
Schwere, was ich ihr getan ...

Renate (warm, herzlich tröstend): Bruno — wenn einer von
uns beiden übrig bleibt: du! ... Du sollst; du mußt;
du hast einen Hafen. Ich? Was liegt an mir? Wem?

Herczy: Der Mond im Untergehn: wie Feuerschein einer
brennenden Stadt.

Bierling: Und dabei nichts wie Eis.

Hylander: Nicht Eis. Grauenvoll nackte Felsen, starre
Hochgebirge und Abgründe.

Bierling: Aber halt kalt wie Eis.

Hylander: Rotglühend im Sonnenschein seines Tages,
tödlich kalt wie der Weltraum in der Finsternis seiner
Nacht. Gleich manchen Menschen.

Bierling: Hab einmal wo g'lesen, ich weiß nit, in einem
Kalender, daß unsere Erden grad so sein wird in ich weiß
nit wieviel tausend Jahren.

Hylander: Das Schicksal eines jeden Sternes. Erst glühen=
der Dampf aus allgegenwärtigem Element, dann glosen=
der Körper, dann erkaltendes Erz, dann dunkle bewohnte
Welt, dann tote Wüste, schaurig strahlend in fremdem
Licht — bis er dann nach Trillionen von Spiralflügen
seine Fluchtkraft verliert, sich aufgibt und in den flam=
menden Herd der Muttersonne stürzt: sie neu entfachend,
selbst schmelzend zu neuem Werden und Vergehen.

Herczy: Schicksal jedes Menschen, jedes Volkes, jedes Ge=
dankens, jeder Lust. Kahle erkaltete Trümmer bleiben.

Hylander: Und alles geht wieder ein in neuen Guß und
neue Welt und neue Freud und Leiden.

Peschke: Wie so ein Stern schnell untergeht. Der rote dort, früher noch hoch droben, jetzt schwimmt er überm Meer.
Hylander: Unsere kleine Zeit ist das, die da versinkt. Unser Tag, unser Leben.
Lichtel: Und da macht man sichs so bitter noch, wo's so winzig is und nichts in all der Ewigkeit um uns herum.
Peschke: Wieviel Menschen jetzt, weiß Gott, hinaufschauen zu den Sternen?
Hylander: Möchten es alle allnächtlich tun. Vor dem Schlafengehn, nach Tages Müh und Sorge.
Benda: Ob wer betet zuhaus für uns, weiß Gott.
Lichtel: Möcht jeder vor dem Schlafengehn aus Herzensgrund für alle anderen beten: wär auch weniger Angst und Jammer.
Vierling: So ein Stern, der große weiße, dort, was kann der weit weg sein von uns?
Hylander: Wega, das Alpha der Leier? ... Zwölf Sternweiten, sechsunddreißig Lichtjahre.
Vierling (andächtig): Sternweiten? ... Lichtjahre?
Hylander: Eine Sternweite? Mehr als zweihunderttausendmal die Entfernung zwischen Erdenmensch und Sonne. Ein Lichtjahr? Der Weg, den das Licht in den einunddreißigeinhalb Millionen Sekunden eines Jahres zurücklegt, jede Sekunde an vierzigtausend Meilen. Jener Stern ist fünfhundert Billionen Meilen von uns entfernt. Sein Licht ist tausendvierhundertmal so stark als das unserer großen Sonne. Ja, sehen Sie: — und doch gehört auch er noch zu unserer engeren Familie, zu u n s e r e m Weltenstaat.
Peschke: Wer, wer kann das alles ausdenken?
Hylander: Es gibt einen brandroten Riesenstern, der fliegt seit Ewigkeiten auf uns zu, sechzig Meilen in jeder Sekunde. Und ist uns doch scheinbar noch nicht näher gekommen.
Vierling: Da, da merkt man Ihnen erst, was das ist: Ewigkeit.
Hylander: Ewigkeit? Das alles ist noch nah in unserer Zeit! Jener Riesenstern wird uns vielleicht in einer Trilliarde von Jahren erreichen — was ist das? (Immer

wärmer) Aber die Milliarden und Abermilliarden ungeheurer Nebelsterne in der Milchstraße, die uns alle umschließt, ein Strom fahlglühender Sternwolken in unmeßbarer Tiefe des Weltalls! ... Dämpfe unaufhörlich zerstörender, schaffender Schöpfung, aus denen ohne Unterlaß neue Festen sich scheiden, neue Weltenstaaten sich ordnen! ... Und jenseits! ... Für dieses Jenseits ist unser ganzes Weltall vielleicht nur ein winziger Sternhaufen, ein Nebel, ein Punkt! ... Und abermals jenseits? ... Und dies alles zusammen nur eine Sekunde vor einem höheren Jahr, und dieses Jahr nur ein Tag im Kalender der Ewigkeit.

Bierling: (nach banger Pause, aufatmend): Da könnt man Ihnen ja alles vergessen! ... Was sind da wir auf unserem elenden Floß im Ozean? Arme verlorene Kinder!

Herczy (wie fernes Echo): Arme verlorene Kinder. Was wollen wir?

Heß: Das, das ja ist eine Ordnung!

Hylander (leise, tiefbegeistert): Ein allmächtiges, heiliges Gesetz, das von der Unmeßbarkeit des Kleinsten bis in die unermeßlichen Tiefen der Ewigkeit alles beherrscht, gestaltet, erhält und zur großen Gemeinschaft des Lebens vereint.

Bierling: Was, was weiß der armselige schwache Mensch?

Herczy: Was kann er? Was soll er? Was will er?

Lichtel: Und wenn er schon alles wisset, was nutzet ihm's ohne Lieb und Fried auf Erden? An dem, an dem is Not. Damit, damit kann er alles. Was sollen die kleinen Leut unternander ohne Lieb im Herzen?

Hylander: Demut lehrt uns Liebe.

Lichtel: Ja, Demut, wann die dabei is! ... Denn zu hoffärtig sein wir, zu hoffärtig, alle zusamm.

Herczy (abermals wie fernes Echo wiederholend): Was sind wir Elenden, Schiffbrüchigen, auf schwankendem Floße im Ozean? Arme verlorene Kinder, die bange im Finstern weinen.

Lichtel: Is keiner ganz im Finstern, wenn er nur das inwendige Licht hat, und keiner verloren, wenn er nur vertraut. Und wenns einer anders nit weiß als wie's in der alten biblischen G'schicht steht, und er hat Lieb im Herzen und das Kreuz im Sinn, is auch gut. Was will er denn auf Erden mehr als leben und sterben?

Wiegand: Renate, erinnerst du dich? Es gibt ein altes Kinderlied; in glücklicher Zeit haben wir's gesungen. Von den Sternen?
Renate: Dieses meinst du: — (die Melodie leise summend) Weißt du, wieviel Sternlein stehen —?
Wiegand (tiefste Rührung in der Stimme): Ja, ja, das ist's schon, dieses, dieses.
Peschke (mühsam): Kenn's auch.
Renate (in ersticktem Schluchzen): Mutter!... Mutter!... Mutter!...
Wiegand (strömende Tränen in der Stimme): Wie oft sang sie es Abends über meinem kleinen weißen Bette!... Wie oft, wenn sie mich in den Armen hielt und in Schlaf wiegte!... (Fast erstickt) Kannst du's noch, Renate, das Ganze?
Renate (mit nasser Stimme): Ich will's versuchen. (Sie beginnt nach kurzer Pause ganz leise)

    Weißt du, wieviel
    Sternlein stehen
    An dem blauen
    Himmelszelt?

Wiegand:
(pianissimo 2. Stimme)
    Weißt du, wieviel
    Wölklein gehen
    Weithin über
    Alle Welt?

Peschke und **Hyländer:** Gott der Herr hat
(pianissimo 3. u. 4. Stimme)
    Sie gezählet,
    Daß ihm auch nicht
    Eines fehlet
    An der ganzen
    Großen Zahl,
    An der ganzen
    Großen Zahl.

Hylander (weich): Gute alte Hanny!... Unter der großen Friedhofslinde liegt sie; zweiundzwanzig Dienstjahre, steht auf ihrem Stein. Wenn sie das wüßte, wo ihr Hansel zum alten Liede mitgesungen —
Bierling: Selig, selig, die Toten.
Peschke: Wo ist das alles? Wie weit, wie weit!
Renate: Und meinem Kinde werd ich's nie singen!... (Aufgelöst) Nie! Nie! Nie!... Nie es einschläfern in meinen Armen! (Herzbrechend) Hab's doch in Schmerzen geboren wie jede Mutter das ihre!

Thekla (aufschreckend): Bruno!... Oh Bruno!... Bist du bei mir?
Wiegand (tiefzärtlich): Ja, mein Kind, immer, immer. Hier, fühlst du nicht meine Hand? Schlaf nur, schlaf.
Thekla (aufatmend): Oh, Bruno! Es war so schön.
Wiegand: Was war so schön, mein Liebling?
Thekla: Unser Brautlied, das die Engel sangen.
Wiegand: Hat es dir gefallen, ja?
Thekla: So schön, so schön! Wie in der Heimat, wie in der Kinderzeit! Oh, und sieh, die hundert brennenden Kerzen auf dem Altar! Die große Orgel, wie sie braust! Bist auch du froh, Bruno?
Wiegand: Ja, mein Liebling; ich bin froh mit dir.
Thekla: Nun bist du doch mit mir zur Kirche gegangen, sieh. Alle die alten Glocken läuten, und der liebe Gott wird uns selbst das Hochamt lesen, im goldenen Sternenmantel. (Zärtlich) Hast du mich noch lieb, Bruno?
Wiegand: Ja, mein Kind, über alles. Sei nur ruhig, ich bleibe bei dir.
Thekla: Oh, und schau, Mutter Karoline ist auch da, dort in der ersten Bank!... Und meine Eltern, und Großvater!... Oh, und schau, Bruno, dort im Tor steht der fremde Mann, der Namenlose! Er will auch herein zu uns!... Der liebe Gott wird es ihm ja erlauben, was meinst du? Wir wollen ihn schon bitten, für den armen fremden Mann.
Wiegand: Ja, du mein gutes Kind. Bitte den lieben Gott.

Thekla: Nein, auch du, Bruno, du mit mir. Nun bin ich ja deine Frau; dein Gott ist mein Gott. Und der liebe Gott ist gut; er weist keinen ab.
(Vorne auf dem Floſſe brennt rot ein Pechfeuer auf, das die Matroſen mit wildem Brandſchein überflackt und düſter herüberſtrahlt. H e r c z y ſitzt auf einer Kiſte, das bärtige Geſicht in die aufgeſtemmten Arme geſtützt; W i e g a n d kauert auf zuſammengerolltem Tau, T h e k l a, mit ſeinem Mantel bedeckt, ruht in ſeinen Armen; ihr zu Füßen, die Hände um die hochgezogene Knie verſchlungen, hockt R e n a t e; abſeits ſteht H y l a n d e r, das Antlitz der nächtigen Ferne zugewandt; rings die anderen, ſitzend und liegend)
Thekla (entſetzt): Oh, Bruno! ... Wo ſind wir? ... Sind ſie wieder da? ... Iſt es das Meer, was ſo ſtark rauſcht?
Wiegand: Nein, mein Herz, nein; das ſind die großen Glocken der Ewigkeit, die ſeidenen Mäntel deiner Engel und Heiligen. Bleib nur ruhig, ſchlaf in Frieden, ſchlaf, Kind.
Thekla (klagender Ruf im Verträumen): Mutter Karoline.
Wiegand: Mutter Karoline iſt nicht da. Du weißt doch, ſie iſt uns vorausgegangen nach der Kirche.
Thekla (im Verſinken): Siehſt du, Bruno ... Und iſt's nicht ſchön beim lieben Gott?

Heß (bedeckter Stimme): Weiß nicht, iſt das jetzt Rauch vom Feuer, was die da brennen, oder blendet's? ... Mir kommt vor, die Sterne ſcheinen nimmer ſo hell.
Peſchke: Is ja wahr. Stehn dort nicht Wolken überm Meer?
Benda: Iſe ganz ſchwarz auf die Seiten.
Heß: Es blitzt! Es blitzt! Hab's deutlich geſehn.
Hylander: Wirklich? Dann kommt Sturm.
Heß: Himmel und Meer, ſtill wie der Tod.
Peſchke: Hörens? Dort hat was gerauſcht im Waſſer!
Benda: Große Fiſch vielleicht.
Peſchke (ſchaudernd): Haie?
Herczy: Wittern. Warten.
Heß: Da! Wieder hat's geblitzt.
Hylander: Ja, hab's diesmal auch geſehn. Der Sturm.

Wiegand: Das arme Kind!... Wär's wenigstens ohne letzte Angst und Qual!
Lichtel: Am Tage des Gerichtes, erlöse uns, o Herr.
Peschke
Benda } (in leisem Chor): Amen.
Heß

Herczy (wie erwachend): Das heilige Wort: Brüder — wie oft in trunkenem Überschwang ist's mißbraucht und besudelt worden!... Aber wir, ja, w i r sind wahrhaftig Brüder geworden.
Hylander: Sollten es sein seit je und immerdar. Brüder in Gefahr; Brüder in Angst und Fehl unseres Blutes; stets vereint auf gebrechlichem Floß, preisgegeben den Stürmen, einsam gemeinsam im Ozean der Ewigkeit.
Lichtel: Und Brüder auch in dem, daß wir nix vermögen ohne Jesum Christum unseren Herrn, und seine Liebe.
Herczy: Und Brüder auch darin, daß wir keine Geheimnisse mehr voreinander haben. Darum will ich's vor euch allen sagen: — (atemholend) Wiegand, leg ein gutes Wort für mich ein bei deiner Jugendfreundin — Renate... Sag ihr — wenn wir dies überstehn sollten — wenn!... So — dann — dann — dann soll jenes Kind auch einen Vater haben — —
Wiegand (nach einer Pause): Renate, hörst du? Ein gutes Wort soll ich bei dir einlegen.
Renate (verloschen, hart): Lieber sag ihm, was ich war und noch bin. Wenn er's nicht wissen sollt.
Herczy (voll Wärme, leise): Ein armes Opfer.
Wiegand: Ja, Herczy, das kann ich bezeugen. Wie sie damals für Doktors Elise sich ins Wasser rennen ließ: das ist sie!
Renate (bitter und finster): An mir war nie was zu verderben.
Herczy (tiefgerührt, inständig): Renate! Hier ist meine Hand.
Renate (aufschnellend, rauh): Jetzt ist nicht Zeit zu solchen Reden! Sie kommen. Die langen Messer sind gewetzt. Schweigt und versteht.

(Jasper, eine Silhouette, kommt vom Feuer herangeschwankt)
Jasper: Hört mal — was war das für'n Lied?
Renate (frech): Was für'n Lied?
Jasper: Na — was'r da eben gesungen habt.
Renate: Ach, das!... Uch, so'n dämliches olles Kinderdings.
Jasper: Kenn's auch. Kenn's von Muttern her. De is nu schon an de zehn Jahr tot, bin an de zwanzig uf'm Wasser. Hab's vergessen seither.
Renate: Beste, waste hast mit tun können. Na, und bloß wegen dem ollen Psalm da biste rangetanzt?
Jasper: Die schicken mich.
Renate: Wenn se nischt Bessres zu schicken haben als so'n Muttersohn!... De Sorte bin ich nu satt. Bei euch drüben wird wohl nich gebetet und gemäht wie dahier.
Jasper: So, beten tut'r?
Renate: Na, ich nich! Die Brüder da, jeder auf seine Art.
Jasper: Und die dort auf die Ihre.
Renate: Die wird wohl hoffentlich bisken lustger sein.
Jasper: Sollst mal vorbeten, hab ich zu bestellen.
Renate: Trocken betet sichs schlecht, hör mal.
Jasper: Nu, die haben da wohl nen Abendmahlswein ufgesetzt. Haben doch so ne elf hölzerne Fische gefangen.
Renate: Na, du doch auch einen. Den viereckigen da. Oder is der nich naß inwendig?
Jasper (wie unter warnend gesenkter Stirn hervor): Besser nich, du. Da is noch von dem schwarzen Branntwein drin, der uns über Bord gespült hat. Mit den eisernen Flaschen und Bleiproppen dazu.
Renate: So?... Na, den Branntwein, den halt du man bloß trocken. Könnt der rechte sein, wenn der Durst zu groß wird.
Jasper: Dir hat's Steuerlicht auch noch nich ausgeblasen, merk ich.
Renate: Da müßt's gröber kommen, du.
Jasper: Kann all noch sein und werden. Hab meine Mühe ohnehin.

Renate: Weiß. Warum denn rudert'r nich?
Jasper: Weil ener will und ener nich.
Renate: Notmast, Notflagge?
Jasper: Ebenso.
Renate: Es blitzt. Sturm.
Jasper: Da lachen die doch bloß. Achtung. Jan. Gute Miene.
(Jan tritt schwankend heran)
Jan: Nu, hä?... Wollen se etwa nich?
Renate: Sollt wohl eigentlich nich wollen.
Jan: Solltest nich... Wolltest nich... Dann würdste gewollt, min Mäken! Und warum denn solltest nich und wolltest nich, hä—ä?
Renate: Nu — wo ihr mich schon solange alleine laßt mit den öden Litaneibrüdern da! 'N junges frisches Frauenzimmer!
Jan: Nu, nu! Erst haben wer uns müssen versteifen.
Renate: Schämt'r euch nich? Und wollt Jungs sein? Sören Stormessen, haste von ihm gehört? Den hättste nich in grober See auf'n Balken zusammensetzen dürfen mit nem Frauenzimmer, er hätt 'n Bette draus gemacht!
Jan: Ho—o... Bei dir brennt's ja hell in der Kambüse!
Renate: Immerzu! Das geht von so'n bisken Salzwasser lange nich aus.
Jan: Denn so besser. Der deine is ja wohl versoffen, der mit'n schwarzen Barte?
Renate: Der? Der Meine? Da bedank ich mich schönstens für!... Wollt, der wär versoffen!... Da huckt er in seiner nassen Trübsal!... Du, und — da lachste dich kaputt — weißte, was er nu für'n Segel aufgezogen hat?... Heiraten will er mich nu! Heiraten!... So'n Jammerbruder, der bloß die Hosen voll hat und nischt weiter drin! Heiraten! Mich!
Herczy (aufgesprungen, empört): Renate!... Ist das jetzt——.
Renate (voll Hohn ihm ins Wort fallend): Nanu, was denn? Was denn? Sind Se vielleicht mein Bräutjam?... Was denn?... Hören Se!... Glauben Se denn gar im Ernste an die Komödie, die ich euch da vorgespielt habe zu eurem Geklöhn?

Jan: Komödie haste ihnen vorgespielt, Komödie?... Das is gutt! Das is mal gutt!

Hercy (starr): Renate!

Renate: Nanu, fallen Se bloß nich ins Wasser, daß Se sich nich verkälten. (Einen Schritt auf Hercy zu, die Hand auf seine Schulter gelegt) Sie meinen wirklich, im Ernste, so einen wie Sie wollt ich zum Manne haben? (Auflachend) Da können Se lange luren! (Zärtlich in Jan eingehängt) Da weiß ich mir andre Kerls, die zu mir passen. (Wieder auf Hercy zugetreten) Will Ihnen aber nochmal 'n guten Rat geben. Setzen Se sich wieder vernünftig hin und danken Se Gott, daß Se's Leben haben. Verstehn Se? Das wird das Beste sein für Sie! Und euch alle!

Jan: (breit): Tijawohl wird's das Beste sein!...! Aber nich Gott sollen se's danken, sondern uns!...Uns!... Denn jetzt sind wir am Steuer!... Tijawohl!... Und ihr müßt euch alles gefallen lassen, alles!... Ihr könnt nich ohne uns, aber wir können sehr gut ohne euch!... Und wenn von euch Scheißkerlen ener nich pariert, ich schmeiß'n über Bord, daß in Hongkong drüben die Flut springt! Tijawo—ohl!

(Pieter tritt schwankend herzu)

Pieter: Was gibt's denn? Sperrt sich da was?... Das macht man dann so! (Er bemächtigt sich der freigewordenen Renate)

Jan: (schießt sofort auf ihn los): Hand weg!... Hand weg von der Reeling!

Pieter: Tahaha!... Wer greift, der hat, wer hat, der hält!... Wärste eh'r aufgestanden!

Jan: Hand weg von der Reeling, sag ich!

Pieter: Denk gar nicht dran.

Jan: Hand weg, sag ich zum letztenmal!... Hörste!... Los laßte!... Ich befehl's!

Pieter (nun wirklich Renate freigebend): Wa—as!... Befehlen tuste? Befehlen?... Du?... Mir?... Befehlen?

Lars, Marten, Olaf, Deez, Jörn und noch andere kommen vom Feuer heran)

Deez: Na, was denn?... Sperrt sich da was?

Olaf: Was nicht pariert, mag saufen.

Marten: Wenn's Hosen hat. Wenn Röcke, runter mit oder rauf.

Thekla (laut aufklagend): Bruno!... Bruno!... Hörst du nicht?... Was sind das für schreckliche Stimmen?

Pieter: Eijaha! Kucke! Da flennt ja noch was Weibernes! ... Jan, da halt dich nu ran.

Thekla: Bruno! Bruno!... Wo sind wir denn?

Wiegand (rauh): Sei ruhig. Eher, bei Gott, reiß ich dich mit mir ins Meer hinab.

Marten: Ah, ja was! Das wollen wer mal sehn. (Gegen Thekla vor)

Wiegand (ihn anlodernd): Wagt es!

Marten (zurückgeworfen, dann höhnisch lachend): Wagen?

Jörn: Das sollst du gleich sehn, ob wer's wagen!...

Hylander (Wiegand zur Seite): Ein blindes Mädchen!

Herczy (gleichfalls Thekla deckend): Menschen!

Jörn: Was Menschen, was blind ——

Marten: Darnach fragen wer nich lange, was?

Olaf: 'n Frauenzimmer is. Ran.

Renate (dazwischengetreten): Jungs, nö, Jungs, die laßt.

Marten: Lassen die, warum?

Renate: Jungs, nö, so was Elendes, das macht keinen Spaß.

Jörn: I wo!... Nen Busen und was so dazugehört, hat se auch, wetten wer.

Marten: Wollens gleich mal vorkriegen. (Er drängt Wiegand und Herczy brutal zur Seite)

	Wiegand (ihm an der Gurgel): Schwein du! Hund du!
(Fast gleichzeitig)	**Herczy** (Thekla deckend): Geile Bestie ihr, elende!
	Thekla (trotz Widerstandes ihrer Beschützer von Jan und Deez erfaßt, schrill in Todesnot): Bruno!... Bruno!

(Hylander wird im Getümmel fortgeschleudert, Heß und Peschke, die sich gleichfalls mannhaft in den Kampf geworfen, werden von Olaf, Jörn und anderen niedergerungen)

Thekla: Hilfe!... Zu Hilfe!... Bruno!
Wiegand (in keuchendem Kampfe mit M a r t e n):
(Fast zugleich) Gleich — — gleich — — eher — — eher reiß ich dich — — mit mir — — ins Meer — — ins Meer — —
Marten (nach erstem Erstaunen über den Angriff W i e g a n d s ermannt, wirft diesen mit einem einzigen Ruck dröhnend auf die Planken): Du Wurm?... Du willst was reißen?... Du?... Ha!
Rufe: Über Bord mit den Kerls!... Über Bord mit ihnen!
Jan (H e r c z y, den er zu Boden geworfen, niederhaltend): Na! ... Willste vielleicht noch was?
Herczy (knirschend): Bestien!
Jan: Noch enmal!
Herczy (unter J a n s Griff gurgelnd): Bestien... Und wenn euch der Kapitän jeden Tag hätt die Haut vom Leibe runterpeitschen lassen —
Wiegand (aufgerafft, schäumend vor ohnmächtiger Wut): Ja! ... Täglich halbtothauen sollt man euch Bestien im Käfig! ... D a s ist die Freiheit, die i h r verdient!
Marten: Hört'r?... Hört 'r 's nu?
Olaf: Habt'r gehört?
(Schlag auf Schlag) **Rufe:** Über Bord mit ihnen!... Kurzen Prozeß!
Stimme: Das is der Dank!
2. Stimme: Das is denen ihre Freiheit!
3. Stimme: So meinen sie's!
Viele (fast einstimmig): Über Bord mit ihnen!
(Stürzen sich gegen Wiegand, Herczy und die anderen Auswanderer)
Jasper (Gebrüll und Gestampf furchtbar überschreiend): So Jungs!... So Jungs doch!... Jungs!... Herr Gott!... Das Floß kommt ins Schwanken!...
(Der Schreckensruf hält den Angriff auf; starre Pause)
Jasper: So beim Satan bedenkt doch, daß ihr auf nem Floße seid und nicht auf sicherem Verdeck!
(Kurze Pause)
Deez (feindselig, finster): Was hast es denn auch mit denen da befrachtet?

Pieter: Frag ich längst.
Marten: Da haste nu den Dank.
Pieter: Über Bord mit dem Ballast! Sag ich längst schon.
(Kurze Pause)
Lars (der sich nicht am Kampfe beteiligt, hat sich über die schwach wimmernde Thekla gebeugt): Ne, Jungs, wahrhaftig. Das is ja mehr tot als lebendig.
Marten: Die aber sind's nich!
Pieter: Die können noch reden; Tote nich.
Jasper (gesammelt, fest): Ne, Jungs. Mensch is Mensch. Immerhin. So nich. Wenn, so machen wer's anders. Da war doch so'n Riff in Sicht am Abend. Wenn wer da sollten antreiben, da setzen wer sie aus. Da können se sichs bei Möveneiern überlegen, wenn das ihr ganzer Dank is.
Renate: Sehr gesund wird ihnen das sein.
Lars: Und ich sage: Recht hat Jasper. Sag ich.
Marten: Ja, und dann werden se geborgen, und wir haben das Seegericht ufm Halse.
Jan: Als zweiten Dank.
Jörn: Besser, wir machen Seegericht. Jetzt. Gleich.
Jasper: Deibel, ihr mit eurem Seegericht! Wissen die eure Namen? Also!
Marten: Döskopp! Aber dem Schiff seinen!
Jasper: Schiff! Wo ist das Schiff? Wo sind da wir? Werden uns gerade sobald wieder heuern lassen! .. Was? ... Oder?
Lars: Na, ich sicher mal nich.
Renate (die Arme untergestemmt, frisch und frech): Jungs, hört mal, das is mir nu schon langweilig. Macht ihr meinetwegen, was ihr wollt. Ich geh rüber und mach mir's bequem.
Lars: Das, ja, is 'n Wort! Ich geh mit. Is morgen auch noch 'n Tag. Und weiß Gott, ob morgen noch einer is.
Renate: Nich wahr, ja? ... Soll schon ersoffen sein, dann wenigstens lustig ohne Kreuz und Amen.
Olaf: Da haste auch wieder mal recht.

Renate: Was, ja?... So spricht 'n forscher Jung, der ne Gurgel und andre schöne Dinge hat.
Jan: Hö hö!... Damit können wer wohl alle aufwarten!
Renate: Wollen wir hoffen! (Vergnügt, in Lars und Jan eingehängt) ... Jungs, nu aber gebt mir zu trinken, sag ich euch, sonst soll euch alle der Klabautermann holen!
Marten (zurückhaltend): Und die? Sollen die leer ausgehn?
Renate: Mensch, was können dir die? Da lachste doch bloß!
Marten: Mächtge Lust, die mal das Hautrunterpeitschen zu lehren!
Renate (verführerisch): Auf was andres nich?
Jan (ungeduldig zerrend): Na, so laß'n man!... Biste nich bemannt genug?
Renate: Laß'n auch. Wenn er lieber olle Schiete kloppen mag...? Jungs, kommt, kommt. Hab nen Brand im Schlunde, als hätt ich's ganze Weltmeer ausgesoffen.
(Sie wird unter Gelächter im Rudel hinübergeführt, und auch Marten folgt finster zaudernd, nach letztem Racheblick)
Herczy: Dirne, oder —?
Renate (zurückrufend): Eine gewesen, eine geblieben, will in Teufels Namen als eine sterben.
Jasper (dumpf, verweisend): Könnt ihr danken. Sie hat euch noch einmal gerettet.
Herczy (verstört): Gerettet?... Gerettet?... Uns kann wohl nur ein Wunder retten.
(Hüben Stille, drüben rohes Gelächter)
Olaf (herübergröhlend): Jasper?... Kommste nich mit ran?... Hier weht Passat!
Jasper: Gleich!... Will da bloß mal nach den Knoten sehn.
Deez: Laßt 'n!... Der liegt vor Anker in seinem Lieblings= hafen! ... (Rauh intonierend) Nun lasset uns den Leib — —!
(Rohes Lachen, Gesang)
Jasper (unterdrückt): Komm da einer mal her. — Da schwimmt was Schwarzes langseits.
Heß (hinzugetreten): Herrgott, ja wirklich —

Jasper: Still!...
Heß: Sie — das ist — —
Jasper: Still...! Hier, die Stange.
Peschke: Was habt's denn dort?... (heiser) Jesus!... Da steigt einer aus dem Wasser herauf!... Schauts hin! (P. Janssen erscheint im düsteren Feuerschein, die Kutte schwer und triefend)
P. Janssen (tödlich erschöpft): Der Friede sei mit euch. — Fürchtet euch nicht.
Lichtel: Der Herr Pater!
Benda: Jesus, Maria, Herr Pater, Sie lebens?
Jasper (zornig zwischen den Zähnen): Daß euch ...! Still doch!... (Mit Faustgebärde nach dem Feuer) Habt Ihr denn nicht genug?
P. Janssen: Seid ruhig. — Fürchtet euch nicht. — Ich bin's.
Hylander: Sie leben?
P. Janssen: Fühlen Sie meine Hände. — Mein Herz.
Hylander: Sie sind davongekommen?
P. Janssen: Der Herr — der die drei Jünglinge — aus dem Feuerofen gerettet — der seinen Propheten — hat ans Land speien lassen — Er erhielt mich — auf seinem Balken — über den Wassern — hat mich — vor den Haien bewahrt — ließ mich — Ihr Feuer erblicken — und — Ihr kleines Floß finden — im Ozean.
Hylander: Und die anderen?
P. Janssen: Erlöst. — Im Paradiese. (Er bricht ins Knie) Lasset uns beten.
Renate (verzweifelt auflachend): Nun betet ihr frommen Brüder da drüben für mich Dirne und arme Sünderin!

Zwischenvorhang.

Fahle Finsternis der wetterbangen Vorfrühe. — Die Sterne sind über unheimlichem Gewölk verschwunden. Nur hinten im Ost, nach rechts zunehmend, dämmert ganz zart ein schmaler blasser Streifen. — Die schiffbrüchigen Reisenden, eine düstere Masse, kauern vorne im Dunkel; die in schwerer Trunkenheit schlafenden Meuterer häufen sich zu dämmerndem Umriß gegen das dumpfe, kaum erst wahrnehmbare Morgengrauen. — Eine Gestalt — Jasper — steht wie auf Wacht bei den in übernächtigem Schauder zusammengedrängten Auswanderern; eine andere Gestalt — Lars — kommt leise vom Lager der Meuterer her angedunkelt. Unterdrückte Stimmen.

Lars: Feste schlafen se. Die weckt keine Posaune.

Jasper: Wenn keine Posaune, was andres wird se wecken. Zeit. S' kommt.

Lars (mit Blick nach dem Himmel): Ija. Ein, zwei Stunden, und s' is da.

Jasper: Die Fässer?

Lars: Ausgelaufen, über Bord.

Jasper: Gut so. Mußte sein.

Lars: Aber du — alleine schaffen wer's nich.

Jasper: Wer sagt alleine?

Lars: Flinten?

Jasper: Was nich mag, das muß. Leben gegen Leben.

Lars: Ija. S' geht mal nich anners. Und dann?

Jasper: Ruder, Segel, was da mag. Alles da. Flagge.

Lars: Ija. Daß wer wenigstens in Sicht kommen.

Jasper: Ija. 'N Kommando aber muß sein.

Lars: Muß. Is nich ohne.

Jasper: Is nich, ne. Du?

Lars: Ne. Du.

Jasper: Mir einerlei. Bloß daß alle anfassen. Jeder an seinem Platz. So nimm du Steuer.

Lars: Mir recht. Hast gewendet?

Jasper: Eben. Ostnordost. — (Zu den Reisenden) Also, ihr! ... Da is Pulver in Flaschen, da sind Kugeln, da Zündhütchen. Wer kann laden?

Herczy (leise, wild): Ich. Her damit.

Peschke: Ich auch noch.

Heß: Werd's auch noch treffen.

Jasper: So, aufgepaßt! Nehm jeder drei Gewehre. Ich drei. Schnell. Macht leise.

Lars: Unbesorgt. Die weckt kein jüngstes Gericht. (Ab zum Steuer)

Herczy (ladend, Zorn in bebender Stimme): Waren die Barrikaden wenigstens zu etwas gut. Daß man laden und totschießen gelernt hat.

Peschke: Hab's gelernt im weißen Kaiserrock. Wär ich nur geblieben. Der Mensch is dumm. Gott erhalte.

Herczy: Da ist's wieder, dieses fahle Morgengrauen. Die Stunde der Hyänen. Die wahre Geisterstunde.

Jasper: Hurtig macht. Keine Reden jetzt. Haben keine Zeit.

Hylander: Blitzt nicht mehr.

Jasper: Bestes Zeichen.

Peschke: Ja, dann sein wir ja doch sowieso hin.

Jasper: Noch nicht. Nur macht, macht. Keine Reden.

Heß: Nummer eins.

Wiegand (wie erwachend, verloschen, tropfenschwer): Die erste Kugel gleich mir durch den Kopf.

P. Janssen (ihm zur Seite, leise): Nicht so, mein Freund. In dieser Stunde höchster Bedrängnis nicht und niemals solchen Schmerz, der unrein ist von Zorn und vermeßnem Trotz.

Wiegand (stumpf, schwarz): Was wollen Sie von mir? Sie ist tot.

P. Janssen: Sie lebt. Sie ist erlöst.

Wiegand (feindselig): So will auch ich erlöst sein.

P. Janssen: Nein, mein armer junger Freund, nein! Erlösung sprechen Sie; aber was Sie da meinen, das ist Flucht! Flucht vor dem Leid; Flucht vor dem Heimweh nach einem geliebten Menschen. Nicht sie, die eingegangen ist zu den ewigen Freuden, beklagen Sie, sondern sich selbst. Und so lange Sie das tun, gibt es keine Erlösung für Sie.

Peschke: Meine Nummer eins. Geht noch.

Herczy: Da. Der Tod eines sogenannten Mitmenschen. Wer will ihn?

Benda: Mir gebens. Menschen, wo habens nit einmal bissel Respekt vor Gott und Elend und Krankheit, sind so schlechter wie Vieh.

Bierling: Mir gebt's auch so einen Schießprügel. Bin Ihnen eine Seel von Mensch, aber auf die, bei Gott, schieß ich Ihnen gleich mit.

Wiegand (in wildem Entschluß aufgesprungen, rauh): Mir gebt eine Büchse! Her!... Daß ich's einem wenigstens von diesen blutigen Schweinehunden heimzahl!

Jasper (scharf, zwischen den Zähnen): Zurück, zum Donner!... Sind Se verrückt?... Wollen Se alles verderben?

Wiegand: Was verderben?... Was liegt mir daran? Her!

P. Janssen (ihm wehrend): Freund!... Freund!... Ist das jetzt sittliche Freiheit?... Brüderlichkeit?... Menschlichkeit?

Wiegand (maßlos): Spuck' darauf! Fluch' darauf!... Denen dort in ihre geilen Bäuche schießen, und dann soll meinetwegen alles untergehn!

Jasper: Zurück!... Herrgott!... Haben Se denn auch schon alle Besinnung verloren?

Wiegand (ohne zu hören): Mir, Herczy!

Jasper (dazwischengedrängt): Nicht ihm geben!... Er is toll!

Wiegand (wütend): Her damit!... Und dann macht ihr, was ihr wollt!... Lebt oder krepiert!

Jasper (böse fauchend): Zum...! Werden Se gehorchen oder nich? Element!... Wer jetzt nich pariert, mit dem über Bord! Der is allen ne Gefahr!

Herczy (unheimlich, verbissen): Füg dich, Wiegand, füg dich. Da, wenn du willst, fühl her, das zerrissene Futter von meinem alten Dolman. Das hatt ich mir in die Ohren gestopft und das Halstuch als Knebel zwischen die Zähne. So bin ich gelegen die ganze Nacht.

P. Janssen (gütlich zuredend): Freund, bedenken, bedenken Sie doch!... Ihre Gefährten, die Hoffnung und Heimat haben!

Wiegand (gehässig): Ihr mit eurer Hoffnung und Heimat!... Zum Teufel geht!

(Er stürzt sich jählings gegen den Rand des Flosses zu, dunkles Ringen, er wird überwältigt und zurückgedrängt)

P. Janssen (tief vorwurfsvoll): Kind!... Kind!

Wiegand (in weinendem Zorn): Laßt mich!... Meinen Tod wenigstens laßt mir!.... (Zusammengebrochen) So werft mich doch über Bord!... Schießt mir eine Kugel durch den Kopf!... Seid barmherzig!

Benda (still jammernd): Mensch armer; armer Mensch.
Wiegand (aufgelöst): Herrgy! Schieß mich tot!... Ich bitte dich!
P. Janssen: Freund!... Wollen Sie sich am Rande des Jenseits an Gottes Gnade und Ebenbild versündigen?
Hylander (gütig bemüht): Kommen Sie!... Kommen Sie!... Sehen Sie, auch ich habe das Liebste, was ich auf Erden besaß, verloren... Und fand doch Heilung, fand endlich auch Genesung. Wo? Bei meinen Sternen, bei stiller, zielloser Arbeit!... Sehen Sie, da löst sich all die dunkle Qual in Licht auf, all der finstere Schmerz in Demut, und nichts bleibt übrig als die klare Träne, in der die ganze Welt mit Sonne, Wolken und Höhen, mit all ihren Gleichnissen und Vorbildern sich von ferne spiegelt — in deren Farbenspiel alles Vergängliche zum versöhnenden Gleichnis, alles irdisch Unzulängliche zu tröstlichem Ereignis wird...
P. Janssen (einfallend, warm): Und: — die Sie beweinen, haben Sie sie denn schon vergessen?... Deren Seele Sie vielleicht schützend umschwebt, wollen Sie sie verleugnen?... Statt daß Sie ihr Gedächtnis ehren, indem Sie ihrem rührenden Beispiele folgen?

(Pause)

Jasper (trocken, mit halber Stimme): Ihr da, macht, macht voran.
Heß (tonlos): Nummer zwei.
P. Janssen (werbend, zärtlich): Mein Freund!... Mein Sohn!... Mein armes, armes Kind!
Wiegand (dumpf in die vorgehaltenen Hände hinein): Laßt mich.
P. Janssen (innig): Nein, ich lasse Sie nicht, ich heile Sie denn. Mein Sohn! Gedenken Sie doch ihrer, um die Sie solches Leid tragen! Wie war sie sanftmütig von Herzen!
Hylander: Wie geduldig!
P. Janssen: Wie trug sie so friedlich die Bürde ihres Gebrechens, die Last ihrer Armut, Entbehrung und Mühsal!... Wie war sie voll kindlich reinen Glaubens, wie war sie zärtlich bemüht um das Heil Ihrer Seele!... Und war sie nicht am lieblichsten in jenem süßen, siegreichen Vertrauen der Blinden, die dankbar schauen ohne zu

sehen, dankbar wissen ohne zu forschen, die inmitten
der Finsternisse dieser Welt hell sind von inwendigem,
ewigem Licht?

Hylander (nachdenklich, aus innerer Ferne): Weil sie vielleicht in
sich jene eine Sonne der Sonnen schauen, die wir Spähenden
nicht finden vor verwirrendem Geflimmer der Unzählbarkeit.

(Pause)

Peschke (klanglos): Wieder eins.

Herczy (hohl, mechanisch): Fertig. — Noch?

P. **Janssen** (mit wachsender Inbrunst): Und Sie, der Sie das
Geschenk einer solchen Seele, einer solchen Liebe empfangen,
Sie wollen in frevelnder Verzweiflung das Ebenbild
Gottes in sich selbst zerstören? ... Ward nicht in dieser
Nacht Ihrem schmachtenden Leid unter Wehen das zarte
Heilandskind geboren, der Erlöser? ... Fiel nicht aus
erkaltender Hand in Ihr zerrissenes Herz der dumpfe,
noch verschlossene Same der Sehnsucht, der Hoffnung,
sie wiederzusehen, der Sehnsucht nach ewiger Freude,
nach Unsterblichkeit? ... Wie, wenn jetzt jene milde
Trösterstimme zu Ihnen spräche: Sie ist nicht tot, sie
schläft nur ...? Und so ist es! ... Nicht tot ist sie, nicht
gestorben soll sie Ihnen sein; sie schlummert, und sie
nahm mit sich in den Traum hinüber den Wunsch, wieder
zu erwachen in Ihren Armen! ... (Ernsthafter) Aber —
wähnen Sie, die Verklärte jemals wieder zu erreichen,
wenn Sie selbstsüchtig auf dem finsteren Wege des Trotzes
dem Schmerz entfliehen, anstatt sich hinzugeben an die
Feuer der Läuterung und in furchtloser Demut Ihr
Maß zu erfüllen? ... Meinen Sie, der Erlösten hier
jemals wieder zu begegnen, wenn Sie Ihr Kreuz un-
gehorsam von sich werfen, statt es geduldig hinaufzutragen
nach dem Gipfel Ihres Golgatha? ... Können Sie an
eine Wiedervereinigung mit der geliebten Seele glauben,
wenn Sie sich hier, auf dem Kreuzwege, von ihr scheiden,
statt ihr nachzufolgen vor den Altar, den das Zeichen
der Gnade krönt — das heilige Zeichen der Liebe, in der
wir alle Brüder sind?

(Pause)

(Immer ernster) Und wer sind denn Sie, daß Sie Ihrer armen Mitbrüder Hoffnung und Heil mißachten, um eigenem Zorngelüst Genüge zu tun?... Wer sind denn Sie, daß Sie den Idealen der Menschheit fluchen, nur weil sie in Furien sich verkehrt und schrecklich wider Sie gewendet haben?... Wer denn hat sie der göttlichen Seele beraubt, diese Ideale?... Wer ihre alte Weisheit getrübt?... Wer ihnen das Licht verlöscht?... (Streng) Und Sie, dem Sühne wahrhaftig mehr geziemt denn Ahndung, Sie wollen an Wehrlosen, an tief verirrten, verführten, in Not und rauhem Handwerk verwilderten Menschen ein meuchlerisches Blutgericht der Rache vollziehen?... Der Sie hier anklagen und Vergeltung fordern, haben Sie vielleicht kein Teil an all diesem Schicksal und Schiffbruch?... Haben Sie niemals mit offener Flamme hinabgeleuchtet in alte geheime Bünde?... Niemals verschlossene Tempelpforten gesprengt, Grenzen geleugnet, Gesetze der Weisheit verlacht, der Gnade gespottet und andere aufgerufen zu gleichem Beginn?... Niemals an den Bürgschaften der Menschheit gerüttelt und entsiegelte Verträge frech zerrissen?... Haben Sie jemals Gericht gehalten über die inwendigen Meuterer, unter deren unkeuschen Griffen ein zartes blindes Kind seine Seele verhaucht?... Haben Sie je Ihre inwendige Mannschaft an das Recht gemahnt, sich gegen den eigensinnigen, pflichtvergessenen Kapitän zu empören?... (In barmherzig vernichtender Strenge) Der du knirschest und dir die Fäuste vor die Stirne schlägst, armes vermessenes Menschenkind, weißt du dich frei von Schuld?

(Pause)

(Sanfter, an alle gerichtet) Es hat ein armer Sünder, der in höllischen Fieberträumen Geister und Geschicke vor seinen Richterstuhl gefordert, im Strahle der hereindämmernden Ewigkeit doch an seinem Zweifel selbst verzweifelt und aus dem Abgrunde des Todes heraus nach einem neuen Gotte geschrien. Und siehe, der Gott, nach dem er rief in seiner Herzensnot, stand neben seinem Sterbelager. Denn Er selbst hatte ihm jenes Wort der tiefsten Menschensehnsucht eingegeben; Er selbst, der allgegenwärtige Unsterbliche, sprach durch verziehendes Sturmgewölk aus ihm heraus ... (Feierlich, gehoben) Kein neuer Gott, ihr Christen, denn es ist für uns alle nur Einer von Ewigkeit zu Ewigkeit der Welten, Räume und Zeiten — der Eine Unvergängliche, der unser aller Vater ist, Seele und Erlöser, der Allbarmherzige, der uns gnädig sein wolle in dieser Stunde der Todesgefahr, der unerforschliche Allwissende, dessen Wesen ist das Leben selbst, die heilige Liebe, die lebendige Liebe — Amen.

(Tiefe Pause)

Jasper (mit bedeckter, harter Stimme): Sind die Gewehre geladen?

Peschke: Was die meinen sind, alle.

Heß: Die meinen auch.

Herczy: Fertig?

Jasper: Hat jeder seins?

P. Janssen: Ich trage meine Wehr allzeit bei mir. Bewahr uns der Herr vor blutiger Not.

Lichtel: Hab mein Kreuz; is mir genug; werd kein Blut vergießen.

Jasper: Hier müssen alle zusammen helfen. Tod gegen Tod, das is nu mal das Leben. Soll kein Blut fließen, wenn's anders sein kann. Geht's nich mit Furcht und gutem Willen, geht's überhaupt nich.

Lichtel: Dann meinetwegen. Gebt's her, in Gottes Nam.

Jasper: Also hört nu an, ihr. Lars, du komm auch ran.

(Lars tritt aus dem Dunkel herzu)

Jasper: Es is da Land vor uns. Sind näher gekommen in dieser Nacht. Erreichen wir's nich vor Sturm mit der ersten Brise, dann gute Nacht. Die erste See spült uns fort. Aber wir haben Ruder, Segel, Balken. Hat sich manch Floß damit geborgen. Nur, ihr könnt nich umgehn mit. Die dort müssen zugreifen. Euch retten und sich selbst. Und das geht nich ohne Kommando. Was, Lars?

Lars: Ne; man sieht's.

Jasper: Gehorsam muß sein. War das Kommando auf dem Schiffe schlecht, deswegen geht's nich ohne. Auf schwachem Floß erst recht nich. Sonst nützt alles zusammen nichts, nicht Land in Sicht, nich Ruder, nich Tau. Was, Lars?

Lars: Ne, nützt nich. Man sieht's.

Jasper: Mit denen drüben war so lange nichts zu machen. Wein und Weiber zu nah bei der Hand, Durst zu lang und groß. Nu, aber, zwischen Land und Sturm, werden se vielleicht gehorchen. Wir zwingen se. Und brauchen se. Was, Lars?

Lars: Jawoll ja. Alleine schaffen wer's nich.

Jasper: Ne. — Darum. — Und ihr, ihr steht jetzt auch unter Kommando. Deshalb sag ich: Keinen Schuß und keine Rache, wo's nich hart ums Leben geht und nich 'n Schrecken gemacht werden muß. Haben auch den Kaptein gegen den roten Henning geschützt. Sind arme Seeleute, haben gleiches Recht und gleiche Schuld. Sind getrieben worden und gezwungen zu dem, was wer getan. Wenn aber einer schlechten Gebrauch macht von einem guten Segel, das Segel kann nich für. Und eingesperrt Pulver reißt alles entzwei. Habens erfahren. Wär wohl selbst nich besser als die drüben. Aber da war das blinde Mädel, hat uns das offne Geld hingehalten, und da war gestern zu Nacht das alte Lied meiner sel'gen Mutter. — So verstanden jetzt: ich geh rüber und weck se auf. Haltet euch bereit. Geb ein Zeichen. Ruf dreimal hintereinander: Auf! ... Dann seid im Anschlag! Aber wohlgemerkt, keinen Schuß ohne Kommando! ... Alleine könnt ihr nichts. Wollen nich ersaufen, sondern landen. — S' kommt. Diese Stille. Zeit. Ich geh. Seid bereit.

(J a s p e r entfernt sich langsam, eine Silhouette gegen den fahldüsteren Hintergrund)

P. Janssen: Herr, erbarme Dich unser.

Lichtel: Christe, erbarme Dich unser.

P. Janssen: Gott, Vater vom Himmel, erbarme Dich unser.

Lichtel: Gott Sohn, Erlöser der Welt, erbarme Dich unser.

P. Janſſen: Gott heiliger Geiſt, erbarme Dich unſer. (Plötzlich geht in der Höhe überm Floſſe eine Helle auf, und von ihrem raſchen Zunehmen fällt ein weißes blendendes Licht über Fahrzeug und Menſchen: Wiegand, gebrochen kauernd über der toten Thekla; P. Janſſen und Lichtel, beide geneigten Hauptes kniend; der bärtige Herczy, auf ſeine Büchſe geſtützt wie auf finſterer Wacht; Benda, Bierling, Peſchke, Heß, alles mit Gewehren in den Fäuſten; Hylander trauernd zu Häupten der Verſtorbenen. Auf dem Floſſe Segeltuch, die geöffnete Kiſte, gerolltes Tau, Balken, Ruder zu Hauf. Mitten auf dem Floſſe Jaſper mit bereiter Waffe; hinten die in wirren Haufen ſchlafenden Meuterer und der Körper Renatens. — Das Licht wird immer ſchärfer, phosphorblau)

Peſchke (geduckt, geblendet): Was iſt das, Jeſus Chriſtus?

Jaſper (mit gewaltiger Sturmſtimme): Der Corpoſánt!... Der Corpoſánt!

Bierling: Um aller Heiligen willen!... Was iſt das?

Jaſper: Schaut hinauf!... Der Corpoſánt!... In einer Stunde iſt der Sturm da!... Auf!... Auf!
(Alle ſtarren geblendet in die Höhe)

Bierling: Man kanns nit anſchaun!

Peſchke: Eine weiße Kugel!

(Schlag auf Schlag) **Benda:** Kommte herunter auf uns!

Bierling: Ein rieſiger Stern!... Der Stern!

Peſchke: Er wird uns erſchlagen!... Er kommt!

Bierling: Er kommt herunter auf uns!
(Das Licht wird noch greller)

(Gleichzeitig) **Jaſper:** Auf! Auf!... Der Corpoſánt!... Auf!... Auf!

Lars: Der Corpoſánt!

Einer der Meuterer (auffahrend, lallend): Wer ſchreit denn — — was iſt denn — — (plötzlich aufgeſprungen) Der Corpoſánt!... Auf, auf! Der Corpoſánt!... Auf, auf, der Sturm, der Sturm!

Jaſper (gleichzeitig mit den letzten Rufen des Erwachten): Der Corpoſánt, auf, auf, der Sturm, der Sturm!... Auf, auf, ihr alle, an die Ruder, an die Taue, an die Segel — Arbeit!

Viele Stimmen (rauh, zum Teil noch trunken lallend): Der Corpoſánt!... Sturm!... Wir ſind verloren!... Wir ſind verloren!

(Im allgemeinen Durcheinanderbrüllen ertönen immer wieder in schwellendem Unisono die drei Worte: der Corposant!.. Sturm!... Wir sind verloren!... Kniend starren die Meuterer in die blendende Höhe. Herczy, der zuerst, wie gelähmt, starr gestanden, stürzt, Büchse in der Faust, hinüber, und beugt sich über den regungslosen Körper Renatens)

Jasper (mit äußerstem Stimmaufwand): Nicht verloren!... Noch ist Zeit!... An die Arbeit!... An die Arbeit!... Auf, auf, wer da noch schläft!... Auf, auf, auf, der Sturm!
(Die Helle verlischt mit einem Schlage. Blinde Finsternis. Tiefe, tödliche Stille)

Herczys Stimme (erstickt): Sie ist tot. — Sie ist tot. — Sie ist für uns alle gestorben.

Peschke (stockend): Was war das?

Bierling (angehaltnen Atems): Das war Ihnen schrecklich.

Hylander: Der Corposant. Corpus sanctum. Ein Meteor, das dem Sturme vorausgeht.

Herczys Stimme (von drüben): Sie ist für uns alle gestorben.
(Pause)
(In der Ferne unter dunklem Gewölk der brandrote Streifen des Morgens)

Jaspers Ruf (vorne): Land!... Land!... Seht ihr!... Land!

Viele Rufe (zum Orkan anschwellend): Land!... Land!... Land!... Land!
(Alles drängt zuhauf und starrt gegen die düstere Morgenröte)

Immer neue Rufe: Land!... Land!
(Kurze Pause)

Einzelner Ruf: Ein Kreuz!

Viele Rufe: Ein Kreuz!... Ja, ein Kreuz!... Man siehts deutlich!... Ein Kreuz, Land, ein Kreuz!

P. Janssen (aufjubelnd): San Diego!... Das Kreuz auf dem Felsen!... Das Kreuz der alten Mission!
(Im allgemeinen Rufen und Schreien ringen sich immer heller die beiden Worte durch: Land!... Ein Kreuz!)

Heß: Gerettet!

Peschke (weinend): Land!... Noch einmal Land!

Bierling (schluchzend): Land!... Land!... Gerettet!

Jasper (mit mächtiger Stimme an die Matrosen): Was schaut'r?... Was starrt'r?... Hört'r's hinter uns?... Ihr da, an die Ruder!... Greift an!... Jeden Ballast über Bord!... Zerschlagen, was so dienen kann!... Lars, ans Steuer!... Pieter, Olaf, Marten, Deez, Jörn, Jan, ihr alle — Notmast, Notsegel, Notflagge!... Arbeitet, ihr alle, arbeitet, Jungs, arbeitet ums Leben!... Daß wir nicht untergehen, bevor wir dort unterm Kreuze landen!... Daß uns nicht das Wetter erreicht und unterm Kreuze zerbricht!

P. Janssen (niedergekniet, das hagere Antlitz dem Morgen zugewendet): Und uns lasset beten!... Beten wir alle unter der Arbeit, wir armen Menschen in Not!... Beten, beten wir Brüder im Angesichte des Kreuzes, das ein Wahrzeichen des Hafens ist an allen Küsten!... Ein Leuchtturm über allen Brandungen, Stürmen und Klippen des Ozeans!... Beten, beten wir, Kinder! Wie Er alle Völker und Zungen der Welt es gelehrt!... Er, der Befreier des Glaubens, Er, der Bewährer der Hoffnung, Er, der Meister der erlösenden Liebe:

Vater unser, der Du bist im Himmel, geheiligt werde Dein Name. Zukomme uns Dein Reich. Dein Wille geschehe, wie im Himmel also auch auf Erden. — Gib uns heut unser tägliches Brot. Vergib uns unsere Schulden, wie auch wir vergeben unsern Schuldigern. Führe uns nicht in Versuchung. Sondern erlöse uns von allem Übel — Amen.

(Peschke, Lichtel, Benda, Heß, Hylander, Vierling, niedergekniet, die Hände an den aufgestützten Büchsen gefaltet, fallen in leisem Chore mit ein)

(Während die Matrosen in Hast an die Arbeit gehen und die Männer nach andächtig gesprochenem Gebete sich bekreuzen, fällt langsam der Vorhang)

www.ingramcontent.com/pod-product-compliance
Lightning Source LLC
Chambersburg PA
CBHW021955290426
44108CB00012B/1073